"十四五"职业教育国家规划教材

| 职业教育电子商务专业 系列教材 |

网上开店

（第3版）

主　编／欧阳俊

副主编／邱旭波

参　编／（排名不分先后）

吴玉娜　杨　钰　蔡天敏　李婷婷

林东辉　刘婉婷　杨竹娣　周盼盼

张志均

重庆大学出版社

内容提要

本教材以网上开店的三个主要阶段为核心,介绍网上开店前准备、开店中策划、开店后运营的重要操作技能,结合主要活动任务进行技能操作实训。本教材主要介绍网上开店的基本知识及基本技能,内容分为七大项目,包括筹划网店、开通网店、拍摄并美化商品图片、装修网店、推广网店和商品、管理在线交易与服务、配送商品,共有61个实践活动。通过本课程的学习,能使学生掌握网上开店大部分技能操作,从而提高电子商务实战技能水平,初步具备以电子商务网店自主创业的能力。

本教材适合职业院校电子商务、商贸、营销、计算机应用及相关专业的学生使用,也适合用作各类电子商务资格认证技能培训教材以及供自学者阅读使用。

图书在版编目(CIP)数据

网上开店 / 欧阳俊主编. -- 3 版. -- 重庆 : 重庆大学出版社, 2021.8(2023.8 重印)
职业教育电子商务专业系列教材
ISBN 978-7-5624-9770-7

Ⅰ. ①网… Ⅱ. ①欧… Ⅲ. ①电子商务—商业经营—职业教育—教材 Ⅳ. ①F713.365.1

中国版本图书馆 CIP 数据核字(2021)第 153461 号

职业教育电子商务专业系列教材

网上开店
WANGSHANG KAIDIAN
(第 3 版)

主　编　欧阳俊
副主编　邱旭波
责任编辑:王海琼　　版式设计:莫　克
责任校对:谢　芳　　责任印制:赵　晟

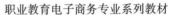

重庆大学出版社出版发行
出版人:陈晓阳
社址:重庆市沙坪坝区大学城西路 21 号
邮编:401331
电话:(023) 88617190　88617185(中小学)
传真:(023) 88617186　88617166
网址:http://www.cqup.com.cn
邮箱:fxk@cqup.com.cn(营销中心)
全国新华书店经销
重庆正光印务股份有限公司印刷

*

开本:787mm×1092mm　1/16　印张:17　字数:405 千
2016 年 7 月第 1 版　2021 年 8 月第 3 版　2023 年 8 月第 8 次印刷
印数:17 001—20 000
ISBN 978-7-5624-9770-7　定价:39.00 元

编写人员名单

主　编　欧阳俊　佛山市顺德区陈村职业技术学校

副主编　邱旭波　佛山市顺德区龙江职业技术学校

参　编　（排序不分先后）

吴玉娜　湛江财贸中等专业学校

杨　钰　广州市土地房产管理职业学校

蔡天敏　湛江财贸中等专业学校

李婷婷　佛山市顺德区陈登职业技术学校

林东辉　信宜市职业技术学校

刘婉婷　信宜市职业技术学校

杨竹娣　阳春市中等职业技术学校

周盼盼　东莞市商业学校

张志均　广州市德镱信息技术有限公司

前 言（第 3 版）

　　"网上开店"是专门为职业教育电子商务专业开设的一门专业核心课程,针对职业院校学生的学习特点,通过情境化教学、任务驱动等生动活泼的教学方式,注重探讨式和体验性学习,引导学生自我体悟社会主义核心价值观,感悟中华优秀传统文化、社会主义先进文化,增进法治意识、生态文明意识和健康意识,增强科学精神、工匠精神,促进学生健康成长、全面发展。教材的编写以"项目综述→项目任务→活动实施→合作实训→项目总结→项目检测"为主线,以实际岗位需求为本,结合"情境设计→任务分解→活动实施→活动评价"方式展开课程教学。教材中项目围绕网上开店的主要技能分类展开讲解,以实际情境引入,利用岗位技能要求去规划项目中的每一个活动,做到项目真实,任务符合实际工作岗位需求。

　　《网上开店(第 3 版)》是在第 2 版的基础上根据电商行业、企业岗位发展需求重新梳理目录,优化教材内容,增加了移动端网店开设、自媒体营销(微信、微博、抖音等)、新《电商法》等新知识点。教材根据职业学生的学习特点,以网上开店技能为核心,体现理论与实践相结合的编写指导思想,让学生在学习本教材后,将能够较好地体验电子商务的交易过程,从而掌握网店开设运营过程主要环节的基本知识和技能。

　　本教材以电商企业的工作岗位技能为导向,以项目任务为编写结构,介绍了淘宝网店开店过程中的基本知识和技能应用,主要涉及了筹划网店、开通网店、拍摄并美化商品图片、装修网店、推广网店和商品、管理在线交易与服务、配送商品等 7 个工作项目。在项目活动中,根据情境做好任务分工,逐步完成项目中的技能训练要求。在活动实施过程中均采用了大量的工作过程案例,图文并茂,循序渐进地介绍网上开店技能操作中的重点和难点,并配有精心设计的合作实训模块,用以加强学生间的团体协作强化训练。最后,以项目检测的形式,利用单选、多选、简述等题型完成项目知识的掌握情况检查和测评。

教材遵循学生的认知规律,坚持育人导向,围绕课程核心素养,梳理出学科知识教学中思想政治教育元素,把思政元素与教材内容有机融汇,使之精彩呈现、隐性体现,化教育于无形中。本教材以行动导向教学模式为主导,对每个任务的编写,采用"告知、实施、思考和巩固"的教学设计模式。全书共24个任务,每个任务下设有"情境设计",从企业真实的工作岗位需求出发,将岗位工作任务导入课堂;设有"任务分解",通过部门工作安排要完成的任务,并对任务进行分解,安排人员分工合作完成;通过"活动实施"介绍实施任务的环节和流程;以"活动评价"总结该活动的实施情况,加深学习者对整体活动的印象,更好地认识活动的各项操作技能。

在编写过程中,由德镱企业运营、美工总监张志均负责把关,根据企业岗位需求对网上开店相关的知识点进行了重新编排。本教材由欧阳俊担任主编并负责统稿,邱旭波担任副主编并协助统稿。全书具体分工是:项目1由杨钰、吴玉娜共同编写;项目2由蔡天敏编写;项目3由林东辉编写;项目4由刘婉婷编写;项目5由杨竹娣编写;项目6由李婷婷、邱旭波、欧阳俊共同编写;项目7由周盼盼编写。

本教材适合于职业院校电子商务、商贸、营销、计算机应用及相关专业的学生使用。为取得较好的教学效果,建议在学生掌握基本图形图像处理、拍摄技术技能,同时有一定电子商务知识的基础上进行网上开店的技能教学,如在中职学校第3、4个学期安排此课程教学。此外,本教材也适合用作各类电子商务资格认证技能培训教材以及供自学者阅读使用。

本教材的电子课件在重庆大学出版社的资源网站(www.cqup.com.cn)上下载。

本教材编写力求严谨细致,但由于编者自身水平有限,书中难免有疏漏与不妥之处,恳请读者提出宝贵意见或建议。

编　者
2021 年 1 月

前 言

www.🛒.com

"网上开店"是中等职业教育电子商务专业的一门核心课程,主要介绍网上开店的基本知识及基本技能。本书根据中职生的学习特点,以网上开店技能为核心,体现理论与实践相结合的编写指导思想。学生在学习本书后,将能够较好地体验电子商务的交易过程,从而掌握网店开设运营过程主要环节的基本知识和技能。

本书以电商企业的工作岗位技能为导向,以项目任务为主体结构,介绍了淘宝网店开店过程中的基本知识和技能应用,主要涉及了筹划网店、拍摄美化商品图片、装修网店、推广网店和商品、管理在线交易与服务、在线支付与配送商品6个工作项目。在项目活动中,根据情景做好任务分工,逐步完成项目中的技能训练要求。活动实施过程中均采用了大量的工作过程案例,图文并茂,循序渐进地介绍网上开店技能操作中的重点和难点,并配有精心设计的合作实训模块,用以加强学生间的团体协作强化训练。最后,以项目检测的形式,利用单选、多选、简述、趣味挑战等题型完成项目知识的掌握情况检查和测评。

本书遵循学生的认知规律,以行动导向的教学模式为主导,每个任务采用"告知、实施、思考和巩固"的教学设计模式。全书共16个任务,每个任务下设有"情境设计",从企业真实的工作岗位需求出发,引入工作任务;设有"任务分解",通过部门工作安排要完成的任务,并对任务进行分解,安排人员分工;通过"活动实施"介绍了实施任务的环节和流程;以"活动评价"总结该活动的实施情况,加深学习者对整体活动的印象,更好地认识活动的各项操作技能。

全书共分6个项目,建议每周4学时,共计76学时,具体分配如下:

项目	任务	理论学时	实训学时	学时合计
项目1	筹划网店	4	6	10
项目2	拍摄美化商品图片	4	12	16
项目3	装修网店	4	12	16
项目4	推广网店和商品	4	8	12
项目5	管理在线交易与服务	4	6	10
项目6	在线支付与配送商品	4	4	8
机动			4	4
总计学时		24	52	76

本书由欧阳俊担任主编,并负责统稿。全书具体分工如下:项目1由杨竹娣编写;项目2由吴帅宇编写;项目3由黄燕娜编写;项目4由黄有志、欧阳俊、赵美玲共同编写;项目5由欧阳俊编写;项目6由陈小明编写。

本书适合于中等职业技术学校电子商务、商贸、营销、计算机应用及相关专业的学生系统训练电子商务网上开店技能操作。为取得较好的教学效果,建议在学生掌握基本图形图像处理、拍摄技术技能,同时有一定电子商务知识的基础上进行网上开店技能教学,如在中职学校第3、4个学期安排此课程教学。此外,本书也可作为各类电子商务资格认证技能培训教材,以及供自学者阅读使用。

本书的电子课件及试卷在重庆大学出版社的教育资源网站(www.cqup.com.cn,用户名和密码:cqup)上下载。

本书编写已力求严谨细致,但由于编者自身水平有限,书中难免有疏漏与不妥之处,恳请读者提出宝贵意见或建议。

编　者
2016年4月

目 录

项目 1　筹划网店

项目综述

在职业院校学习两年后，范兵兵终于参加顶岗实习了，有幸能进佳美服饰公司总经办担任组织策划一职，在部门负责人陈忠的带领下，取得了一定的成绩。但是，当下商业竞争激烈，越来越多的企业加入了电商行列，各类网店层出不穷，要想在竞争激烈的环境中生存，求得发展，并不是一件容易的事。为此，公司打算开发新产品，在功能、款式上进行创新设计，并新增一家网店销售该产品。筹划网店的工作便交到范兵兵身上。范兵兵通过团队研讨，集思广益，把筹划网店工作分为以下三点：做好消费者消费行为分析和目标市场定位、确定商品和寻找货源、熟悉平台规则。工作看似简单，但要做好也不容易。本项目分 3 个任务介绍开设网店的前期筹划工作。

项目目标

知识目标

➤ 了解顾客性格和行为类别

➤ 了解消费者购买商品的动机

➤ 了解各类渠道进货的优缺点

➤ 掌握适合网上销售的商品特征

➤ 熟悉平台规则避免违规操作

能力目标

➤ 能在 CNNIC 平台上查阅和下载资料

➤ 能通过"问卷星"平台发布、回收问卷

➢ 能分析企业的相对竞争优势

➢ 能判断、运用企业的定位策略

➢ 会查看淘宝商品热销排行榜并选择热销商品

➢ 会在淘宝网上寻找货源

素质目标

➢ 培养网上开店从业人员的法治意识与职业道德

➢ 树立学生对电商岗位的爱岗敬业精神,培养学生的协作意识

➢ 培养改革创新的意识

➢ 树立诚信经营、合法经营、依法纳税的网店运营观

项目思维导图

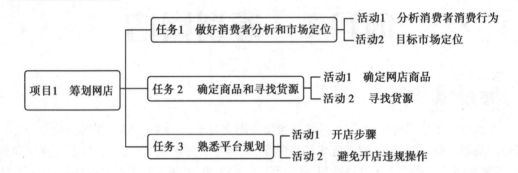

任务 1　做好消费者分析和市场定位

情境设计

俗话说:"商场如战场""知己知彼,百战不殆"。对于商家而言,"知己",就是要认清自己的优劣势,而"知彼"就是要了解消费者,挖掘他们需求的特别价值。范兵兵召集本部人马,反复讨论,确定人员分工,通过网络调查和实地考察收集大量的数据,并提取精华部分作为消费者行为分析的参考数据,进行目标市场定位。

任务分解

范兵兵接到任务后,充分发挥团队协作的优势,召集部门成员讨论筹划网店事宜。首先通过多方面收集资料做好消费者消费行为的分析和目标市场的定位;再根据权威性官方网站提供的相关数据,对我国网民情况、消费者的性格及行为、消费者的购买动机进行分类;最后进行市场调查。

主要步骤包括:利用互联网和搜索引擎等工具对我国网民情况、网上消费者的性格、行为及购买动机等进行分类分析,进而确定目标市场及目标市场定位所需的策略。

活动1　分析消费者消费行为

活动背景

"没有调查就没有发言权",对于网上开店而言,由于随意性更大,所以更要做好前期的市场调查工作,主要是对网购消费者的分析与调查。为能得到比较科学的消费者行为分析的相关数据,范兵兵和小伙伴们从各方面搜集相关的数据进行分析。

活动实施

1. 收集我国网民情况

(1) 百度搜索"中国互联网络信息中心(CNNIC)",登录该中心的官网,在"互联网发展研究"栏目单击"报告下载",可以查看并下载历年中国互联网络发展状况统计报告,如图1.1.1所示。

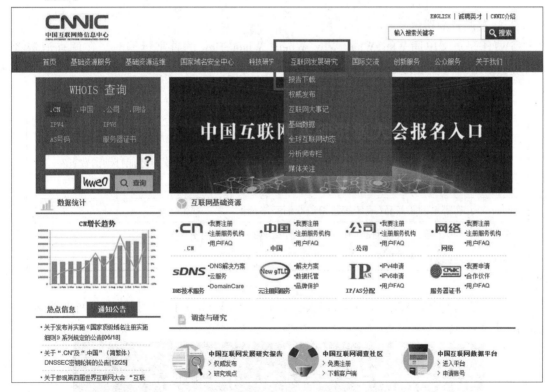

图 1.1.1

(2) 下载并查阅最新一期《中国互联网络发展状况统计报告》,从报告中查找中国网民性别结构、网民年龄结构、中国网民学历结构、中国网民个人收入结构等数据。如查找下面资料:

①中国网民男女比例如何? 年龄主要集中在多少岁?

②主要是哪些学历? 收入集中在哪个区间?

③对网上消费者的性格及行为分类,其中消费者性格可以分为哪几类? 消费者行为可以分为哪几类?

消费者性格和行为类别见表 1.1.1 和表 1.1.2。

表 1.1.1　消费者性格分类

性格类别	演员型	结果型	学者型	老好人
性格特征	感性、情绪化	目标导向、要求明确	深思熟虑、重细节	态度好、不够果断

表 1.1.2　消费者行为分类

行为分类	购买型	简易型	交际型	讨价还价型	小心翼翼型	拍下不买型
行为特征	目标明确,但易忽略细节,易有售后问题	目标明确,沟通流畅,注意细节	除了商品,更看重热情的服务	热衷于讲价	对细节与服务反复询问	常改变主意,拍下商品却不付款

2. 问卷调查消费者

5W1H 是英文单词 Who、What、Why、Where、When、How 的首字母缩写。在调查消费者时,可以运用 5W1H 进行思考,具体内容见表 1.1.3。

表 1.1.3　5W1H 的内容

英　文	中文内容
Who	什么样的人会买我们的商品? 他们有什么样的特征和喜好?
What	商品的卖点是什么? 是使用功能还是其他功能? 什么样的卖点才能打动消费者?
Why	为什么买我们的商品(给目标消费者一个明确的购买理由)?
Where	在哪里购买商品(确定销售渠道或消费终端)?
When	什么时间购买该商品(什么季节? 什么时间点进行消费等)?
How	商品如何卖更好?

(1)登录问卷星官网,注册登录,输入表 1.1.3 的 5W1H 的内容问题,做成网上的问卷,如图 1.1.2 所示。

图 1.1.2

（2）把在问卷星官网平台上做好的调查消费者问卷,通过微信等方式发送给消费者填写,并回收问卷,进行结果分析。

3. 消费者购买商品动机

消费者购买商品的动机是多种多样的,并且是复杂的。因为每一个人的兴趣、爱好、个性、文化程度、经济状况等不相同,购买心理也因人而异。消费者购买商品动机大致可划分为 9 种,见表 1.1.4。

表 1.1.4 消费者购买商品动机

动 机	具体含义
求实	以追求商品的实用与实惠为主要购买目的,注重性价比,与消费者的经济收入和消费观念有密切关系,不太挑剔商品的外观造型是否流行、新潮等
好胜	喜欢向别人炫耀自己的购买动机,大都追求商品的牌子或档次
好奇	在选购商品时,常受到商品新鲜感的驱使,希望知道个究竟,继而产生即兴购买
求新	追求潮流、新颖的商品的心理,比如在服装方面,着重于服装造型的新奇、独特与个性,注重色彩、花型和面料的因素等,而对服装是否经久耐穿,价格是否合理,不太计较
求美	追求商品美感,着重于商品的造型、色彩与艺术性,尤其商品的文化品位,不太重视商品本身使用价值和价格
求优	追求优质商品,对商品的质量、产地、生产厂家、商标等十分重视
模仿	以追求与名人消费同步为主要购买目的,从众心理
求速	对时间及效率特别重视,厌烦挑选时间过长和过低的售货效率
求安	追求安全和健康,比较重视商品的安全性、卫生性、无毒性及无副作用

试分析下列两则情景对话中消费者的购买商品动机是什么？

（1）买家:"你的货质量如何?"

客服:"亲,我家的货质量很不错的哟,你可以看看我们客户的评价。"

买家:"同样的货,为什么别家都比你家的便宜,你们卖得那么贵!"

客服:"亲,你看看我们的产品描述详情,图片都是实拍的,一看面料就知道货真价实。"

（2）客服:"亲,这款衣衣是我家的爆款哟,月销量已经达到 5 190 件了,你看最近韩剧的女主角就穿这款的。"

买家:"我超爱这部电视剧,喜欢这戏里的女主角,也喜欢这件衣衣哈。"

知识窗

作为新手,除了对消费者进行分析以外,其实对竞争对手的分析也非常必要。调查竞争对手并非为了超越对手,为的是在同行中选出几家和自己发展路线相似、商品大同小异的对手来做研究,取长补短,避免开店初期走弯路。

活动评价

对消费者的消费行为进行分析是开设网店的前期工作,这步做好了,后面选择经营商品相对来讲会比较容易。因为只有了解网店热卖商品的消费人群,才能做到有的放矢。

活动2　目标市场定位

活动背景

企业一旦选定了目标市场,就要进行目标市场的定位。企业不管采取何种目标市场的定位策略,都应当通过各种努力使企业在消费者心目中占据主要的位置。超超是总经办出了名的市场侦查员,目标市场定位的任务非他莫属了。

活动实施

1. 明确本企业的潜在竞争优势

超超是总经办的市场侦查员,为了做好目标市场定位,第一步便是明确自己的潜在竞争优势。为此,超超召集团队成员,通过头脑风暴法讨论以下3个问题。

①目标市场上的竞争者做了什么?做得如何?对竞争者的成本和经营状况做出确切的估计。

②目标市场上的顾客需要什么?他们的欲望满足得如何?目标顾客认为能够满足其需要的最重要的特征是什么?

③本企业能够为此做些什么?答案必须从成本和经营方面进行考察。

> **知识窗**
>
> 1. 什么是市场?
>
> 市场是由那些具有特定需求或欲望,而且愿意并能通过交换来满足这种需求或欲望的全部潜在顾客所构成。用公式表示便是:市场 = 人口 + 购买力 + 购买欲望。
>
> 2. 什么是目标市场?
>
> 目标市场是指企业在市场细分的基础上,为满足现实或潜在需求的消费者或用户,依据企业自身的经营条件而选定或开拓的特定需要的市场。
>
> 目标市场可以是一个区域、一种渠道、一个消费群体,也可以是某些需求。简而言之,就是企业商品或服务的消费对象。
>
> 3. 为什么要进行目标市场定位?
>
> 进行目标市场定位是为了争取目标顾客的认同。它需要向目标市场说明,本企业与现有的及潜在的竞争者有什么区别。勾画企业形象和所提供的价值,使目标顾客正确理解并识别本公司与其他竞争者的区别。

2. 选择相对的竞争优势

超超带领团队成员通过表1.1.5中的7个方面来分析、比较企业与竞争者的相对竞争优势。

> **知识窗**
>
> 相对的竞争优势,是一个企业能够胜过竞争者的能力。有些是现有的,有些是具备发展潜力的,还有的是可以通过努力创造的。简言之,相对的竞争优势是一家企业能够比竞争者做得更好的工作。

表 1.1.5 相对的竞争优势

优势项目	经营管理	技术开发	采购方面	生产方面	市场营销	财务方面	产品方面
具体内容	考察领导能力、决策水平、计划能力、组织能力和个人应变能力等	分析技术资源和手段、技术人员能力和资金来源是否充足等	分析采购方法、物流配送系统、供应商合作及采购人员能力等	分析生产能力、技术装备、生产过程控制及职工素质等	分析销售能力、分销网络、市场研究、服务与销售战略等	考察长期资金和短期资金的来源及资金成本、支付能力和现金流等	考察可利用的特色、价格、质量、支付条件、包装、服务、市场占有率等

3. 展示独特的竞争优势

超超给团队成员分组分任务,每个小组分别在百度搜索中查找针锋相对式定位策略、填空补缺式定位策略、另辟蹊径式定位策略、比附定位策略、属性定位策略、利益定位策略的企业案例,收集好企业案例后,超超带领团队成员讨论案例,并总结自己的企业要采取的定位策略。

(1)针锋相对式定位策略

针锋相对式定位策略是指把企业的产品或服务定位在与竞争者相似或相近的位置上,同竞争者争夺同一细分市场,如图1.1.3所示。如果产品 C 定位于竞品 A 已经占据的高价格、高质量市场或者竞品 B 已经占据的中档市场,则属于针锋相对式的定位。

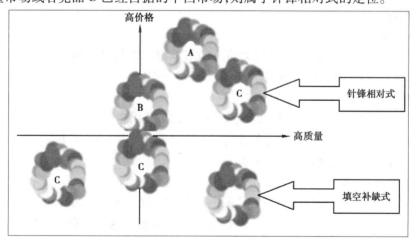

图 1.1.3

(2)填空补缺式定位策略

填空补缺式定位策略是指企业寻找市场上尚无人重视或未被竞争对手控制的这一位置,使自己推出的产品能适应这一潜在目标市场需要的策略,如图1.1.3所示。如果产品 C 定位在无人占据的高质量、低价格,或者低价格、低质量处就属于填空补缺式定位。

(3)另辟蹊径式定位策略

"另辟蹊径式"定位策略是指当企业意识到自己无力与强大的竞争者相抗衡,可以根据自己的条件取得相对优势,即突出宣传自己与众不同的特色,在某些有价值的产品和服务上取得领先地位,避其竞争者锋芒的策略。

(4)比附定位策略

比附定位策略就是比拟名牌,攀附名牌来给自己的产品定位,以借名牌之光而使自己的品牌生辉的策略。

(5)属性定位策略

属性定位策略是指根据特定的产品属性来定位的策略。

(6)利益定位策略

利益定位策略是指根据产品所能满足的需求或所提供的利益、解决问题的程度来定位的策略。

活动评价

超超通过带领团队成员首先明确本企业的潜在竞争优势,接着从企业的潜在竞争优势中选择相对的竞争优势,然后通过六大定位策略案例的学习讨论,最后总结自己的企业要采取的定位策略。

合作实训

实训名称:日常用品的市场定位调查。

任务描述:学生分组制作一份某款日常用品的市场定位调查问卷,了解消费者在选择购买该商品时所考虑的因素,并寻找30位不同年龄段的调查对象进行调查,最后完成简单的分析报告。

步骤指引:

1. 收集信息

通过多种途径了解该款日用品相关的市场基本情况等信息,为接下来的调研做准备。简单介绍该款日用品的属性、功能等。

2. 制作问卷

可以从消费者基本情况、影响消费者购买行为的主要因素、购买决策过程分析等进行问题的设计,题型包括是非题、单选题、多选题等。设计问题完毕,在"问卷星"官网登录,输入问题到"问卷星"官网上,制作网上调查问卷。

3. 问卷调研

通过"问卷星"平台,在指定客户群范围内发布和回收市场定位调查的问卷,获得准确的消费者反馈信息,为企业产品更好地适应市场需求,扩大市场规模,调整产品发展方向,起到了很好的指导作用。

4. 撰写分析报告

根据调研结果,撰写分析报告,在报告中分析消费者在购买商品过程中考虑的因素、购买决策影响因素等。

任务 2　确定商品和寻找货源

情境设计

兵兵在部门会议上就销售商品的选品问题与团队成员开展了激烈讨论,贝贝说,卖衣服和化妆品,利润高;超超说,现在的小孩是家长的心肝宝贝,卖婴幼儿用品最赚钱;甄甄说,新手卖游戏点卡或者电话充值卡最容易刷信用。公说公有理,婆说婆有理,争论不休,并且都提供有货源的数据,那就唯有靠数据和事实说话。

任务分解

兵兵通过上淘宝网了解淘宝规则,总结适合网上商品销售的特点;贝贝登录淘宝网的购物助手栏,查看购物排行榜来确定网上热卖商品;超超和甄甄则多途径寻找货源。

主要步骤是:分组并确定成员分工,成员通过收集网络信息,初步拟定本小组网上店铺的经营方向和主营商品。

活动 1　确定网店商品

活动背景

要在网上开店,首先要有适合通过网络销售的商品。但并非所有适合网上销售的商品都适合个人开店销售。比如家电产品,卖家不熟悉家电产品的进货渠道,没有价格优势,网店经营就很难获得成功。尽量避免涉足不熟悉、不擅长的领域。同时,要确定目标顾客,从他们的需求出发选择商品。

> **知识窗**
>
> 产品是打造爆款的核心,每一次的选品都会对店铺的发展产生重大的影响。如何选品是店铺运营的重中之重,没有好的商品,无论如何努力,都不可能达到想要的效果。因此,选品要结合当下消费市场的走向,紧跟潮流,善于汲取社会新动向,并根据变化及时做出调整。
>
> 在确定网店商品时,可考虑以下几点建议:
>
> (1)选产品的时候,要考虑成本因素。
>
> (2)选产品的时候,要"做熟不做生"。
>
> (3)充分发挥专业优势。
>
> (4)充分发挥地理优势。
>
> (5)要考虑产品的生命周期。
>
> (6)通过第三方工具,了解竞品,错位选品。

活动实施

（1）查看淘宝热销商品排行榜。淘宝网的购物助手栏目中有购物排行榜,包含上升榜和热门榜,如图 1.2.1 所示。

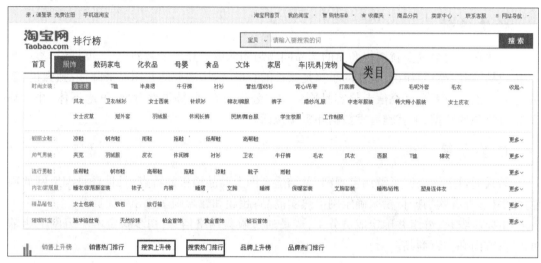

图 1.2.1

（2）根据图 1.2.1 中方框的类目搜索上升榜、搜索热门榜,记录前 3 名商品名称(每个大类选择一个你感兴趣的子类记录),并填写在表 1.2.1 里。

表 1.2.1　购物排行榜

排名 类目	搜索上升榜			搜索热门榜		
	第1位	第2位	第3位	第1位	第2位	第3位
服饰						
数码家电						
化妆品						
母婴						
食品						
文体						
家居						
车、玩具、宠物						
在实际工作中应每天或每周连续记录,连续记录一个周期后进行小结。						

知识窗

1. 适合网上销售的商品特征

通过对网上出售商品的统计发现,适合网上开店销售的产品一般具有的特点见表1.2.2。

表1.2.2 适合网上销售的商品特征

特征	体积小	附加价值高	时尚	价格合理	有购买欲	独特性
原因	方便配送,降低运输成本	价值低过运费的单件商品不适合网上销售	符合年轻人需求	要比实体店的商品价格优惠	顾客不需要亲眼所见即可激发购买欲	人无我有的商品能引起顾客兴趣

2. 网上开店要遵守法律法规

网上开店要注意遵守国家法律法规,不销售禁止和限售的商品。具体如下:

(1)法律法规禁止或限制销售的商品,如武器弹药、管制刀具、文物、淫秽品、毒品、假冒伪劣商品等。

(2)其他不适合网上销售的商品,如医疗器械、股票、债券和抵押品、偷盗品、走私品等。

(3)其他非法来源获得的商品、用户不具有所有权或支配权的商品等。

3. 网络热卖的流行商品

目前个人网上店铺的交易量比较大的商品有很多,根据有关数据的统计报告显示,国内网络购物市场流行的十类产品是:服饰类、玩具类、彩妆类、小家电、教材、电脑和电脑硬件、电脑软件、消费类电子产品、音乐产品、珠宝。

活动评价

确定本店经营的商品并不是一件想当然就可以马上下结论的事情。首先要了解淘宝规则,哪些商品可以出售,哪些不可以出售;然后要跟踪淘宝热销商品排行榜的情况,选择热销商品,这样筛选出来的商品才符合市场需求。

活动2 寻找货源

活动背景

确定网店销售商品之后,就要开始寻找货源了。货源的成本较低是网店有利润空间的重要因素。实物商品货源五花八门,可以分为线上(网上批发/代理)和线下(厂家/批发市场)货源两种。部门的甄甄是服装工艺设计专业毕业的,对于服装、包包的材料都颇为熟悉,不仅懂设计而且见识广,人缘又好,寻找货源这任务包她身上啦!

活动实施

(1)打开浏览器,输入天猫供销平台的网址,或在淘宝中通过账号后台卖家中心,在左侧菜单列表中找到货源中心,选择分销管理。

（2）通过在天猫供销平台右上角的搜索框，按照分销商品或供应商搜索代销信息，如图1.2.2所示。

图 1.2.2

（3）通过筛选和排序，选择适合的商品，在一件代发、批发采购、品牌授权栏目中勾选"我能合作"可以快速找到匹配的商品，如图1.2.3所示。

图 1.2.3

（4）查看供应商的招募书，单击图1.2.3中"招募书"的按钮，可开始仔细阅读招募书。如果资质不符合要求，左侧"申请合作"按钮会呈灰色。它是供应商招募分销商的最主要的介绍，一般包括公司商品信息、加盟资格、分销商等级、利润分配和扶持政策等，如图1.2.4所示。

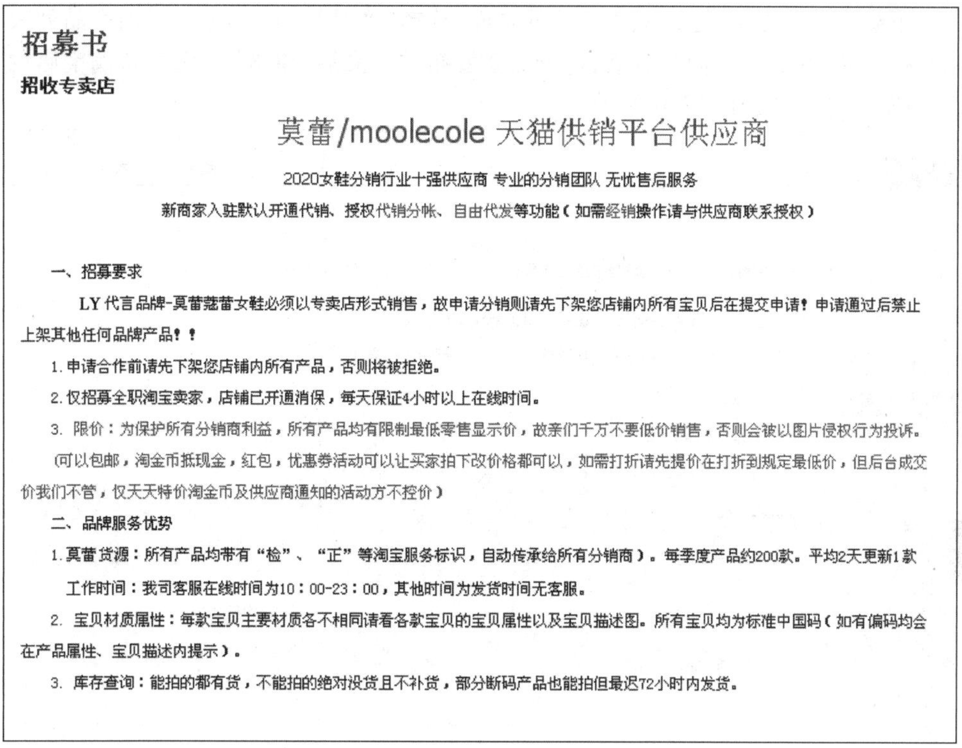

招募书

招收专卖店

莫蕾/moolecole 天猫供销平台供应商

2020女鞋分销行业十强供应商 专业的分销团队 无忧售后服务

新商家入驻默认开通代销、授权代销分帐、自由代发等功能（如需经销操作请与供应商联系授权）

一、招募要求

LY代言品牌-莫蕾蔻蕾女鞋必须以专卖店形式销售，故申请分销则请先下架您店铺内所有宝贝后在提交申请！申请通过后禁止上架其他任何品牌产品！！

1. 申请合作前请先下架您店铺内所有产品，否则将被拒绝。

2. 仅招募全职淘宝卖家，店铺已开通消保，每天保证4小时以上在线时间。

3. 限价：为保护所有分销商利益，所有产品均有限制最低零售显示价，故亲们千万不要低价销售，否则会被以图片侵权行为投诉。

（可以包邮，淘金币抵现金，红包，优惠券活动可以让买家拍下改价格都可以，如需打折请先提价在打折到规定最低价，但后台成交价我们不管，仅天天特价淘金币及供应商通知的活动方不控价）

二、品牌服务优势

1. 莫蕾货源：所有产品均带有"检"、"正"等淘宝服务标识，自动传承给所有分销商）。每季度产品约200款。平均2天更新1款。

工作时间：我司客服在线时间为10：00-23：00，其他时间为发货时间无服务。

2. 宝贝材质属性：每款宝贝主要材质各不相同请看各款宝贝的宝贝属性以及宝贝描述图。所有宝贝均为标准中国码（如有偏码均会在产品属性、宝贝描述内提示）。

3. 库存查询：能拍的都有货，不能拍的绝对没货且不补货，部分断码产品也能拍但最迟72小时内发货。

图 1.2.4

（5）申请成为分销商，在申请前应与供应商进行沟通，因为直接沟通可以让供应商更加了解你，对顺利通过审核很有帮助。洽谈成功后可以单击"申请合作"，直接进入信息确认和协议勾选页面，阅读条文后勾选同意服务条款并提交申请即可。

（6）查看自己的申请，登录自己账号后台，进入"卖家中心"，在左侧的菜单中找到"分销管理"。然后在打开的新页面中选择左侧菜单的"我的供应商"，单击"我发出的申请"标签，就可以看到申请状态。审核通过后，供应商就授权给分销商，允许分销商代理其商品，如图1.2.5 所示。

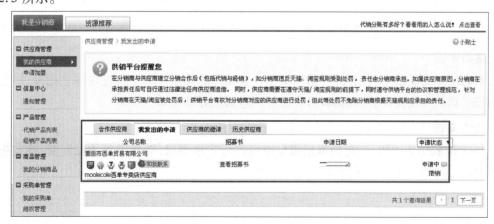

图 1.2.5

（7）下载商品数据包,进入图1.2.5的页面,选择"产品管理",单击"代销产品列表",进入"未发布商品"状态下的商品列表,勾选需要发布的商品后,单击"一键发布淘宝店"按钮,完成商品发布过程,如图1.2.6所示。

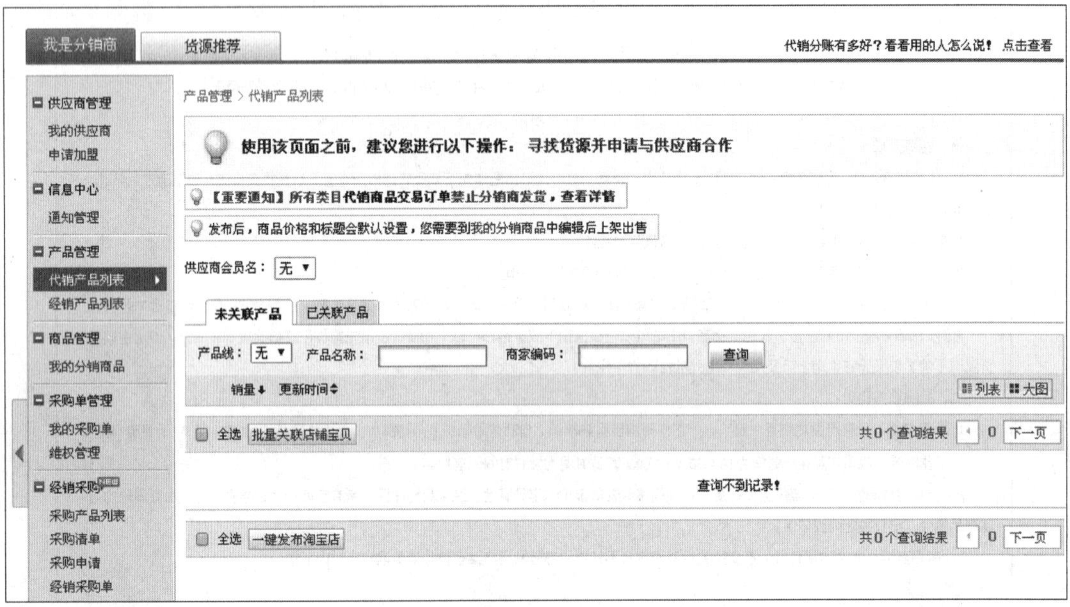

图 1.2.6

想一想

实地考察,调查你所在的城市有哪些旧货市场并把结果填在表1.2.3中。

表 1.2.3　城市的旧货市场

名　称	地　点	经营商品

活动评价

本活动能调动学生的积极性,拓展学生进货渠道的知识。学生通过在网上批发进货,不仅增长了知识和技能经验,也为以后自主开店进货做好准备。

合作实训

3~5位同学为一组,一起到本地批发市场进行实地调研,选择进货的批发商、确定进货商品并填写表1.2.4的入货清单。

表 1.2.4 入货清单

批 发 商	商　品	规　格	单　价	数　量	金　额
合　计					

任务3 熟悉平台规则

情境设计

想在网上开好一个网店,就必须熟悉平台规则,并且自觉去遵守规则。部门的甄甄在这里以新《电商法》颁布后的淘宝平台为例,熟悉平台规则。平台规则非常重要,关系到店铺的长期发展,一起来看看该如何正确开设店铺。

任务分解

首先要知道开店的过程以及开店中容易遇到的各种问题,小心降权和封店,严重的时候可能会触犯法律,所以在开店之前,要了解平台规则和《中华人民共和国电子商务法》(以下简称新《电商法》)的有关规定。

活动1 开店步骤

活动背景

淘宝里的商品各种各样,价格高低不等,正因为如此,淘宝已经成为大众眼中的创业天堂。任何人,哪怕是个普通的上班族、全职太太,或者是学生,乃至残疾人士,在这里,都可能获得之前所不能想象的成功。所以淘宝开店或许是大家的首选。

活动实施

(1)淘宝开店流程如图 1.3.1 所示。

新《电商法》于 2019 年 1 月 1 日实施,需要特别注意:"电子商务经营者应当依法办理市场主体登记",也就是说,以后电子商务经营者必须要"持证"才能上岗,而这个证就是"营业执照"。在淘宝、拼多多、京东、微店、朋友圈(代购)等网络平台销售产品,都属于电子商务经营者的范围。按照新《电商法》规定,以后网络销售商品,无论是个人还是企业,无论是否开店,都要办理营业执照。尤其是代购,还需要有采购国和中国双方的营业执照,我国第一张网店营业执照如图 1.3.2 所示。

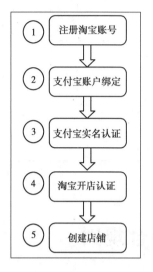

图 1.3.1

图 1.3.2

（2）需要注意的是，有以下 3 种情况开设不了店铺，如图 1.3.3 所示。

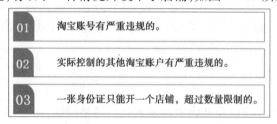

图 1.3.3

01　淘宝账号有严重违规的。

02　实际控制的其他淘宝账户有严重违规的。

03　一张身份证只能开一个店铺，超过数量限制的。

01　连续3周店铺宝贝为0，店铺可能被释放。

02　连续4周店铺宝贝为0，店铺会暂时释放。

03　连续5周店铺宝贝为0，店铺彻底释放。

图 1.3.4

（3）一张身份证只能开设一个店铺，但是可以关联 6 个店铺。注意，如果有一个店铺有严重违规，会波及其他几个店铺，牵一发而动全身，所以一定尽量避免违规行为。

（4）店铺的创建成功，卖家要及时上传产品以免店铺被关闭。店铺创建成功后出现的 3 种店铺异常规则，如图 1.3.4 所示。

店铺被彻底关闭之后，需要重新激活店铺。所以大家开店成功之后一定要及时上传商品，哪怕上传一个商品都是可以的，避免店铺被关闭。

活动评价

电子商务经营者要持营业执照，才能在网络平台销售产品。一张身份证只能开设一个店铺，有严重违规的开设不了店铺，要尽量避免违规行为。

活动 2　避免开店违规操作

活动背景

时过境迁,一切都在改变! 早期淘宝开店,没有身份限制也无须物流单号,实图拍摄等要求,刷单、刷好评、假发货、盗图侵权等行为非常猖狂。如今,淘宝开店越来越规范,对商家的处罚非常严厉! 常见的 3 种违规操作,如图 1.3.5 所示。

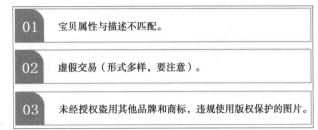

01	宝贝属性与描述不匹配。
02	虚假交易（形式多样,要注意）。
03	未经授权盗用其他品牌和商标,违规使用版权保护的图片。

图 1.3.5

活动实施

1.产品属性与描述不匹配

如图 1.3.6 所示,裙子标题中是"2020 秋季",而产品属性是"2020 年春季",这是不允许的。

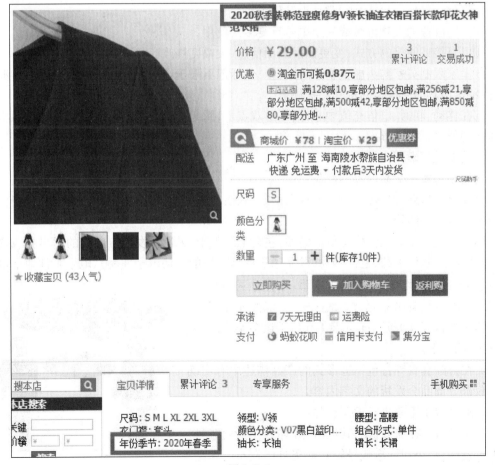

图 1.3.6

2.采用非法手段进行刷单等虚假交易,严重会导致永久封店

图1.3.7

（1）什么是虚假交易？

虚假交易：是指用户通过虚构或隐瞒交易事实、规避或恶意利用信用记录规则、干扰或妨害信用记录秩序等不正当方式获取虚假的商品销量、店铺评分、信用积分、商品评论或成交金额等不正当利益的行为，如图1.3.7所示。卖家进行虚假交易的，淘宝将对卖家的违规行为进行纠正，包括删除虚假交易产生的商品销量、店铺评分、信用积分或商品评价等；情节严重的，淘宝还将下架卖家店铺的所有商品。在纠正违规行为的同时，淘宝将按照规定对卖家进行处理。

（2）常见的虚假交易方式有哪些？

虚假交易的形式如下：

①将一件商品拆分为多个不同形式或页面发布。包括但不限于如下情况：商品和商品的运费分开发布；一个产品拆分不同的价格打包出售。

②将赠品打包出售或利用赠品提升信誉等。

③使用虚假的发货单号或一个单号重复多次使用。

④以直接或间接的方式，变更商品页面信息、大幅度修改商品价格或商品成交价格等。

⑤卖家限制买家购买虚拟物品的数量。包括但不限于：限制某件商品一个ID只能购买一件；特殊市场另有规定的从其特殊规定。

⑥在移动、联通、电信充值中心，网络游戏点卡，腾讯QQ专区三个类目中发布虚拟类商品时使用限时折扣工具。

⑦其他进行虚假交易形式。

⑧发布无实质交易内容的商品：

a.发布纯信息，包含但不限于：减肥秘方、赚钱方法、会员招募、商品知识介绍、免费信息以及购物体验介绍等。

b.发布免费获取或价格奇低的商品，包含但不限于：无偿从发行方获得的优惠券或资格权、免费商品、软件下载、电子刊物（凡是通过网络传输的一切电子商品）、电子邮件地址邀请等；1元以下虚拟类商品（不包括Q币、收费Q秀、点卡按元充、游戏货币；其中Q币、收费Q秀、点卡按元充、新手卡价格不能低于0.1元）；1元及1元以下服务类商品；手机壁纸、图铃等。

c.在搭配套餐等打包销售形式的产品描述中有明确表示仅部分商品会发货的文字内容。

⑨通过以下手段进行虚假交易：

a.卖家自己注册或操纵其他账号（如炒作团伙账号、亲朋好友账号、公司同事账号等），购买自己发布的商品，如图1.3.8所示。

图1.3.8

b. 卖家利用第三方(包括其他卖家)提供的工具、服务或便利条件进行虚假交易。

c. 其他非正常交易手段。

友情提示

虚假交易如刷单违规引起宝贝降权甚至封店,扣分超过 48 分,会被永久封店。

(3)虚假交易的处罚。

淘宝网主要采取以下两种方式进行管控:虚假交易降权和虚假交易账号处罚。

①虚假交易降权:淘宝网对涉嫌虚假交易的商品,给予 30 天的单个商品淘宝网搜索降权。如果某商品发生多次,搜索降权时间会滚动计算。

②虚假交易账号处罚:删除销量、屏蔽评论内容、店铺评分和信用分不累计;情节严重的商家,还将下架店铺内所有商品。

淘宝网对虚假交易的处罚见表 1.3.1。

表 1.3.1

进行虚假交易的次数	违规交易笔数	违规纠正	扣　分
第 1 次	<96 笔	删除虚假交易产生的商品销量、店铺评分、信用积分、商品评论;情节严重的商家,还将下架店铺内所有商品	一般违规行为扣 2 分
	≥96 笔		一般违规行为扣 12 分
第 2 次	<96 笔		一般违规行为扣 2 分
	≥96 笔		一般违规行为扣 12 分
第 3 次	<96 笔		一般违规行为扣 12 分
	≥96 笔,视为情节严重		一般违规行为扣 48 分
第 4 次或以上	不论笔数		一般违规行为扣 48 分
若买家短期内进行大规模虚假交易的,不论次数和笔数均视为情节严重			一般违规行为扣 48 分

③未经授权盗用其他品牌和商标,违规使用版权保护的图片。

新《电商法》第四十五条指出,电子商务平台经营者知道或者应当知道平台内经营者侵犯知识产权的,应当采取删除、屏蔽、断开链接、终止交易和服务等必要措施;未采取必要措施的,与侵权人承担连带责任。

● 售假:指未经授权,假冒别人品牌,注册商标等行为。

● 盗图:指使用了版权所有人的图片行为。

发布产品时,品牌不要乱填,没有品牌,填写"other/其他"。

防止被投诉盗图,在寻找货源的时候一定要确认对方是不是实拍图,有没有被投诉盗图的风险。

知识窗

新《电商法》第四十一条至四十五条规定了电子商务平台知识产权保护制度,由平台经营者知识产权保护规则、治理措施与法律责任组成。首先,这里所指的知识产权保护制度并非法律意义上的保护制度,而是与平台自己的特点和能力相适应的保护制度。其次,与知识产权权力人加强合作,包括两个层面,与平台内的权力人合作,与平台外的权力人合作。通过合作来解决通知删除反通知规则中可能存在的问题。再次,不建立相关制度可能导致的后果,主要体现在第四十五条。

活动评价

本活动通过熟悉平台开店规则,了解开店步骤;学习新《电商法》知识,增强新手卖家的法律意识,要求卖家合法、合规开店;熟悉新《电商法》的各项规定,避免在开店过程中出现虚假交易,违规交易等操作,保障卖家权益。

合作实训

3～5位同学为一组,一起到本地批发市场进行实地调研,选择进货的批发商、确定进货商品并填写表1.3.2的入货清单。

表1.3.2　入货清单

批 发 商	商　品	规　格	单　价	数　量	金　额
合　计					

项目小结

本项目通过"做好消费者分析和市场定位、确定商品和寻找货源、熟悉平台规则"3个学习任务,要求同学们了解消费者性格和行为类别;知道消费者购买商品的动机和各类渠道进货的优缺点;掌握适合网上销售的商品特征。并且能在CNNIC平台上查阅和下载资料;能通过"问卷星"平台发布、回收问卷;能分析企业的相对竞争优势;能判断和运用企业的定位策略;会查看淘宝商品热销排行榜并选择热销商品;会在淘宝网上寻找货源。

项目检测

1. 单选题

(1)一共有(　　)种情况不能开设店铺?

A. 1　　　　　　　　B. 2　　　　　　　　C. 3　　　　　　　　D. 4

(2)以下哪种不属于开店常见的3种违规操作?(　　)

A. 连续3周不上新,导致店铺被暂时释放

B. 采用非法手段进行刷单等虚假交易

C. 产品属性与描述不匹配

D. 未经授权盗用其他品牌和商标,违规使用版权保护的图片

(3)一张身份证可以开设(　　)个店铺?

　　A. 1　　　　　　　B. 2　　　　　　　C. 3　　　　　　　D. 4

(4)虚假交易,比如刷单违规引起宝贝降权甚至封店,扣分超过(　　)分,会被永久封店。

　　A. 12　　　　　　B. 24　　　　　　C. 36　　　　　　D. 48

(5)新《电商法》于(　　)开始实施。

　　A. 2018 年 1 月 1 日　　　　　　　　B. 2018 年 6 月 1 日

　　C. 2019 年 1 月 1 日　　　　　　　　D. 2019 年 6 月 1 日

2. 多选题

(1)以下有几种情况开设不了店铺? (　　　　)

　　A. 淘宝账号有严重违规的

　　B. 实际控制的其他淘宝账户有严重违规的

　　C. 已经用身份证开设了一个天猫店铺

　　D. 已经用身份证开设了一个京东店铺

(2)以下哪种做法属于虚假交易? (　　　　)

　　A. 真实交易,让朋友来网店拍产品

　　B. 一个产品拆分不同的价格打包出售

　　C. 发布免费获取或价格极低的商品

　　D. 用爸爸的账号去店里拍产品

(3)定位策略包括哪些? (　　　　)

　　A. 针锋相对式定位策略、填空补缺式定位策略

　　B. 另辟蹊径式定位策略、比附定位策略

　　C. 属性定位策略

　　D. 利益定位策略

(4)对于虚假交易的处罚,淘宝网主要采取哪两种方式进行管控? (　　　　)

　　A. 虚假交易账号处罚　　　　　　B. 虚假交易降权

　　C. 永久封店　　　　　　　　　　D. 暂停封店

(5)顾客的性格可以分为哪几类? (　　　　)

　　A. 演员型　　　　B. 结果型　　　　C. 学者型　　　　D. 老好人

3. 简述题

(1)淘宝开店的流程有哪些?

(2)什么是目标市场?

(3)为什么要进行目标市场定位?

www.🛒.com

项目2 开通网店

项目综述

如今,网上购物已成为一种时尚,逐渐被越来越多的人所接受。这种全新的购物体验和便捷的消费模式正在更大的范围内取代或者扩展着传统的购物方式。它在给人们带来便利的同时,也带来了一种新型经营模式——网上开店。楚风今年刚从电子商务专业毕业,进入一家传统服装公司工作。由于当下更多的企业加入电商的浪潮中,公司面临产品销售不出去的困难境地。因此,公司为了扩展产品的销售渠道,决定建立一间网店经营本公司的产品。而组建网店的工作刚好是楚风负责,主要是围绕几点开展:撰写网店策划书;选择开店平台;做好开店前准备;开通网店。工作看似简单,但楚风却一头雾水。为了解决楚风的苦恼,以下将开设网店的内容分为4个任务来详细介绍。

本项目内容结合《网店运营推广职业技能等级标准》(初级)的网店开设模块进行学习,针对电商平台认知、网店申请与开通知识单元进行介绍。

项目目标

知识目标

➢ 掌握网店策划书的撰写要求和基本格式
➢ 了解网店开通的条件
➢ 了解开通网店的具体实施步骤

能力目标

➢ 能够运用互联网技术收集信息
➢ 学会撰写网店策划方案

➤ 能够独立开通网店

素质目标

➤ 培养组织策划、管理能力

➤ 培育学生诚信经营的职业素养

➤ 培育遵纪守法的法律意识

➤ 树立正确的网店运营观,树立服务社会、服务地方的理想信念

项目思维导图

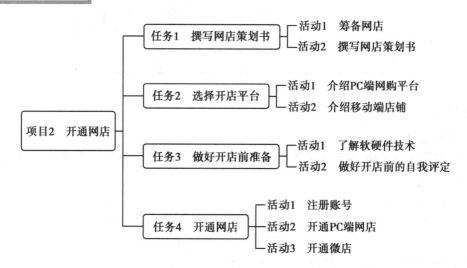

任务 1 撰写网店策划书

情境设计

楚风接到网上开店的任务,不敢有丝毫的马虎。为了让后续工作能够有条不紊地展开,他决定将开店的流程及内容以文字的形式记录下来。时间紧迫,楚风立刻展开行动,上网收集淘宝网、天猫网、京东商城和拍拍网等网站资料,对信息加以整理比较后,策划书终于写完了。

任务分解

本任务内容分为策划网店和撰写网店策划书两个模块。在策划网店模块,要了解网店的操作流程,明确每个流程中的内容。在撰写网店策划书模块时,对网店的前期定位,店铺信息的设置和采取恰当的经营策略等内容详细展开介绍,尽可能地让学生对网店策划流程了然于胸,同时能够得心应手地撰写策划书。

活动1　筹备网店

活动背景

目前网络上购物网站众多,但是经过网上调查发现,策划网店操作的流程大同小异,主要流程如图2.1.1所示。

1	2	3	4	5	6	7	8
店铺定位	选择开店平台	申请开设网店	货源选择	发布商品	营销推广	交易与评价	售后服务

图2.1.1

活动实施

1. 店铺定位

选择开店平台之前,要根据销售产品的类型特点,对自身店铺做一个整体规划,为后来店铺的运营指定了方向。

2. 选择开店平台

目前市场上流行开店的网站有很多,因此要实事求是,适合自己的网站才是最好的。在选择网上开店平台时,人气旺盛、是否收费以及收费情况等都是非常重要的参考指标。目前常见的网上开店平台有淘宝网、微店、京东商城等。

3. 申请开设网店

在确定开店平台之后,要了解该平台的开店规则。常见的开店条件,以淘宝网为例,先注册淘宝与支付宝账号,然后经过支付宝实名认证和淘宝开店认证等。具体的开店内容,会在任务4中详细介绍。

4. 货源选择

在确定自己的经营产品范围之后,就要学会寻找物美价廉的商品。货物的来源主要有网上代理、批发市场和厂家进货。虽然进货方式很多,但是最好选择自己熟悉的渠道进货,这样便于控制成本和保证商品质量。

5. 发布商品

在店铺发布商品时,应将商品名称、产地、性质和外观等信息详细填写,最好搭配商品的图片,图文并茂,增加吸引力。如果是做代销,则相对简单,商品的数据信息由代理商提供,店主负责推广交易即可。

6. 营销推广

开店初期,为了提升店铺的人气,提高转化率,必须进行营销推广。推广范围不仅限于网上推广,应线上线下多种渠道推广。在利用淘宝网中的直通车、钻石等付费推广的同时,还要重视其他的免费推广方式,如微博、微信和直播等。

7. 交易与评价

消费者在店铺购买商品遇到疑问时,会咨询商家,因此商家要对买家的问题耐心回答。消费者在购买商品后,商家应及时处理订单,要按照约定的时间发货,以免影响店铺信用和评价。

8. 售后服务

一直以来,完善周到的售后服务一直是生意保持经久不衰的重要筹码。因此,售后服务作为店铺的无形资产,商家要格外重视店铺的售后服务工作,争取给到店消费的顾客留下好的印象。

> **温馨小贴士**
>
> 一个优秀的网店策划会给网店的初期经营带来意想不到的收获。一旦遇到某些难题,也可以在策划里找到相应的解决办法。因此策划书要尽可能详细,将更多的细节考虑在内,从而保证网店的工作能够更加顺利开展。

活动评价

本活动的目的是让学生了解开通网店的具体流程,并且要熟悉流程中的内容,做好开店前的规划。

活动 2　撰写网店策划书

活动背景

楚风在整理网上开店流程的资料以后,决定以策划书的形式将有关网店的详细信息记录下来。本次活动以女装为对象撰写一份网店策划书,主要包括前言、市场与客户分析、网店策略、网店风格设计、网店管理、网店推广、支付方式、物流管理和总结。

活动实施

1. 前言

随着互联网技术的普及运用,网上购物正逐渐取代传统的购物模式。网上购物不受时间、空间的限制以及产品多样化给予消费者更多的便利与选择。网上销售的潜在客户基数庞大,投入资金较少,方便快捷,因此网上开店成为一种潮流。

2. 市场与客户分析

(1)市场分析

据 2021 年第 48 次中国互联网络发展状况统计报告显示,截至 2021 年 6 月,我国网民规模达 10.11 亿,较 2020 年 12 月增长 2 175 万,互联网普及率达 71.6%。2021 年,全国网上零售额 130 884 亿元,比上年增长 14.1%。其中,实物商品网上零售额 108 042 亿元,增长 12.0%,占社会消费品零售总额的比重为 24.5%;在实物商品网上零售额中,吃类、穿类和用类商品分别增长 17.8%、8.3% 和 12.5%。可见网上购物在未来很长一段时间内都是消费者最青睐的购物方式。

(2)SWOT 分析

S(Strengths)是优势、W(Weaknesses)是劣势,O(Opportunities)是机会、T(Threats)是

威胁。按照企业竞争战略的完整概念,战略应是一个企业"能够做的"(即组织的强项和弱项)和"可能做的"(即环境的机会和威胁)之间的有机组合。运用这种方法,可以对研究对象所处的情景进行全面、系统、准确的研究,从而根据研究结果制定相应的发展战略、计划以及对策。

①优势:网上开店成本低,商品价格优势大;店铺没有时间限制,可以 24 小时为消费者开放;网店时效性非常强,铺货非常快捷。

②劣势:只能通过图片方式展现商品,货物表达方式无法直观,显得不真实;货源不稳定,商品质量得不到保证;信誉的评定,不利于新店铺的发展。

③机会:社会的不断进步促使女性的消费习惯、结构、观念及消费行为发生巨大的改变;女性经济实力提高,注重个性,追求与众不同。

④威胁:网络店铺门槛较低,同行竞争激烈;面临电子商务系统的安全威胁。

（3）竞争对手分析

随着互联网的快速发展,开店的人数越来越多,同行店铺之间的竞争成为常态化。要想在激烈的网购市场中立于不败之地,须注重构建产品的核心竞争力。产品核心竞争力体现在商品的质量、销量、好评量以及客户满意度等多个方面,一般来说,这些因素对消费者是否购买商品起到关键作用。

（4）客户购买行为分析

据《QuestMobile2021"她经济"洞察报告》显示,截止到 2021 年,中国移动互联网女性用户规模已达 5.47 亿,其中,24 岁及以下女性用户月度使用时长突出,已经超过 170 小时,月人均使用 App 超过 32 个。加上受疫情影响,以及直播带货等形式的助推,女性逛街、购物方面的兴趣,在加速向线上转化,2021 年 1 月,女性用户在综合电商领域渗透率已达 84.3%,相比去年同期提升了 6.1%,支付结算、网上银行行业分别提升了 4.5%、7.1%。年轻女性用户追求个性化,喜欢以潮流商品彰显独特品味,其中以美妆和穿搭类商品最为突出。据艾媒数据显示,女性每月在服装类消费金额集中于 201～600 元,201～400 元占 24.3%、401～600 元占 31.7%;每月消费频次集中于 2～3 次,占比 64.2%。

（5）目标客户分析

爱美之心,人之本性。本店的主要客户是 18～30 岁的年轻女性,这类群体的女性追求的标准主要是在流行和新颖性上,更换服装频率快。

3.网店策略

（1）产品策略

产品策略包括产品本身、服务产品、信息产品三大方面。

①产品本身:随着消费者的需求日益差异化,店铺要有自己的经营特点。因此要促使店铺产品个性化和品牌化,同时缩短商品销售周期,不断更新产品,满足消费者的需求。

②服务产品策略:服务是一个店铺无形的资产,周到的服务能够增加消费者好感,取得消费者信任。

③信息产品策略:消费者在购买商品时一般不会专注于某个品牌,因此店铺应加强信息服务,多进行广告宣传,确保产品和服务质量。

（2）促销策略

①赠品促销：店铺可以推出服装搭配装束，消费者可以选购搭配的任意商品。根据顾客的不同消费额度适当地给予不同的搭配赠品。

②降价促销：可以利用店铺成立周年庆、节假日或者季节变化等时间点进行降价促销，以吸引顾客眼球，同时扩大销售量，降低库存。

③会员促销：收集店铺会员的信息，根据会员的喜好，策划促销活动，有利于增加店铺与会员之间的信任感，还让网店成为客户的衣柜。

（3）定价策略

合适的定价策略，有利于店铺的发展且扩大销售量，因此定价策略主要有以下几点：

①差别定价策略。差别定价策略也称价格歧视，是针对不同的顾客而制定的价格策略，即相同的产品面对不同的消费者有不一样的价格。这种策略的好处在于诱导一部分顾客愿意支付最高价格消费商品，从而使店铺获得更大的利润。

②低价策略。将店铺商品的价格设置比实体店低，这样既能吸引顾客，又可以提高自己的竞争优势，一举两得。

③折扣定价策略。根据消费者购买到的商品数量，给予顾客一定的价格折扣，数量越大，优惠越多。再者在季节转换之际，定期推出新款促销活动，这也是鼓励消费者购买商品的策略之一。

④组合产品定价策略。将店铺的几款产品组合起来定价，这样让客户觉得购买多件商品打了很大的折扣。

4. 网店设计

（1）平台选择

淘宝网作为亚洲最大的在线网店市场，人气高，商品曝光率也高，有利于商品销售。另外，淘宝网不遗余力地在信用体系和安全制度等方面大力建设，已经取得了消费者很强的信任感。同时淘宝网开店是虚拟店铺，无库存压力，所需资金较少且收益高。

（2）网店风格设计

店铺名称：奈良 NALEN。本店主营女装，主要的销售对象是年轻女性。

设计风格：版头的 Banner 以粉色为主，而店铺页面采取"国"字型布局，左右两边以浅粉色为主，中间展示产品部分则采取白色。粉色与白色都体现了年轻女性的青春，充满活力的特点。

①店铺 Logo。店铺的 Logo 设计较简单但又不失美观，采取红底白字的形式展现，如图 2.1.2 所示。

②Banner 设计。Banner 主要用女性的服装图片当背景，加上店铺 Logo 制作成这个 Banner，如图 2.1.3 所示。

图 2.1.2

③商品分类。商品的分类既有利于商家管理店铺商品，也有助于顾客快速地找到其需要的产品，如图 2.1.4 所示。

④促销广告。除了在微信、社区等线上平台发布店铺产品的促销广告之外，同时也要策划低价促销产品的活动，提升网店人气和销售量，如图 2.1.5 所示。

图 2.1.3

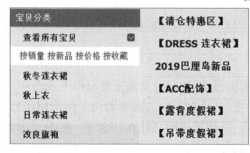

图 2.1.4

图 2.1.5

5. 网店管理

（1）店铺日常管理

①店铺的装修风格要与产品的特点保持一致，简单却不失优雅。

②在设计产品的名称时，要尽量与热点关键词结合，这样有利于增加产品的曝光率。

③合理设置产品分类，尽可能创建产品的子分类，方便顾客浏览。

④注重产品的上架时间，一般来说，早上 9:00—11:30 和晚上 8:00—11:30 时间段是网店流量高峰的时期，适合上传产品。

⑤用好橱窗推荐。使用橱窗推荐的商品更容易被用户搜索到，因此合理将快下架的商品放在橱窗位置，加大商品曝光率，吸引顾客流量。

⑥注重评价管理。在给卖家评价回复时，适当打下小广告，既省钱省力，也起到一定的宣传效果。

（2）网店经营的注意事项

①经常关注店铺的离线消息、评价和留言，及时给予回复。

②礼貌认真地对待每一位顾客，解答顾客咨询的问题时需要注意语气用词，尊重顾客。

③要对店铺销售的产品有通透的认识，这样面对顾客的咨询时，才能给予更专业的回答。

④提高与顾客沟通的技巧，不要急于求成，耐心引导顾客购买店铺的商品。

6. 网店推广

在开店之初，店铺的推广对提升人气非常重要，因此需要线上线下多渠道推广。

（1）口碑宣传

网络的虚拟性，顾客知晓店铺更多来源于亲朋好友的推荐，因此可以适当地给予推荐好友到店铺消费的顾客一定的奖励。

（2）网络渠道宣传

在论坛、社区、QQ 和微信等网络平台上发布店铺商品的广告帖，如果条件允许，可以加上一些图片，图文并茂，增加观赏性。

（3）交换链接

多交淘友，通过与他们交换店铺链接，这样不用花钱就能打广告，也能提高店铺流量。

7. 支付方式

为了顾客购物支付方便，不要采取单一的支付方式，这样很容易流失一部分的顾客，尽量采取多种方式支付。目前淘宝网上支付方式很多，主要有网银支付、银行卡支付、支付宝支付、货到付款和找人代付等。

8. 物流管理

实行全国统一定价，加量不加价。运送方式有全国包邮、平邮 10 元、快递公司 12 元、EMS20 元。为了减少物流成本，商家最好与物流公司签订合作协议。

9. 总结

要想让自己的店铺在同行业众多网店中脱颖而出，就要比竞争对手做得更好。因此我们不仅要关注竞争者经营管理方式和营销策略，同时也要时刻留意消费者对店铺商品的反应。不断改进商品的质量与服务，满足消费者的需求，从而形成自己的竞争优势。

活动评价

本次活动既可以锻炼策划统筹的能力，又可以提高学生的文字表达水平，为以后的网店策划工作奠下了坚实的基础。

合作实训

在老师布置任务后，将学生进行分组，最好 3 ~ 5 个同学为一组，以淘宝网中的女装商品为本次实训的对象，写一份网店策划书，团队间相互合作完成。然后从每个小组中选出一个代表作为评委团，对各个小组的方案进行评分，最后由老师进行总结，给予奖励。

任务 2　选择开店平台

情境设计

网店策划的工作终于尘埃落定，楚风接下来是要寻找合适的网上购物平台。然而目前国内购物网站数量很多，如何在众多选择之中找到符合公司经营需要的网店，是楚风下一步要完成的工作。

任务分解

本任务结合《网店运营推广职业技能等级标准》（初级）的电商平台认识单元进行讲解，了解国内主流的电商平台介绍。在网购平台中，主要详细介绍国内常见的一些成功网站，包括天猫网、京东商城和易趣网等。微商店铺主要介绍微商城和微店。只有深入了解这些网站商城的经营范围和特点，才能做出合理的取舍，选择适合自己的开店平台。

活动 1　介绍 PC 端网购平台

活动背景

网上开店需要选择一个好的网购平台，因此商家在选择平台时需要着重考虑网站人气是否旺盛以及是否收费等重要指标。下面详细介绍国内最常见的几种电子商务模式及其代表网站。

活动实施

1. B2B 模式网站

(1)阿里巴巴批发网

阿里巴巴批发网作为全球企业间(B2B)电子商务的著名品牌,为数千万网商提供海量商机信息和便捷安全的在线交易市场,也是商人们以商会友、真实互动的社区平台。目前已拥有超过 1 400 万网商的电子商务网站,遍布 220 个国家地区,成为全球商人销售产品、拓展市场及网络推广的首选网站。阿里巴巴批发网面对的对象是国内中小企业,主营业务是采购与批发,因此是中小企业追捧的开店网站,如图 2.2.1 所示。

图 2.2.1

(2)慧聪网

慧聪网成立于 1992 年,是国内领先的 B2B 电子服务提供商。慧聪网注册企业用户已超过 1 500 万,买家资源达到 1 120 万,覆盖行业超过 70 余个,员工 2 500 名左右。慧聪网服务的对象也是企业,主要解决中小企业供需、信息不对称等问题,因此慧聪网是中小企业网上开店的备选平台之一,如图 2.2.2 所示。

2. B2C 模式网站

(1)京东商城

京东商城作为中国的综合网络零售商,是中国电子商务领域受消费者欢迎和具有影响力的电子商务网站之一,在线销售家电、数码通信、电脑、家居百货、服装服饰、母婴、图书、食品、在线旅游等 12 大类数万个品牌百万种优质商品。京东商城对入驻企业的门槛较高,主要条件有公司注册资金在 50 万元及 50 万元以上人民币,且注册时间两年以上;确保授权链条的完整,即申请入驻企业拿到的授权能够逐级逆推回品牌商等,如图 2.2.3 所示。

图 2.2.2

图 2.2.3

（2）唯品会

唯品会是广州唯品会信息科技有限公司旗下的 B2C 电子商务网站,主营业务为互联网在线销售品牌的折扣商品,涵盖服饰鞋包、美妆、母婴、居家等各大品类。唯品会开创了"名牌折扣 + 限时抢购 + 正品保障"的创新电商模式,并持续深化为"精选品牌 + 深度折扣 + 限时抢购"的正品特卖模式。同时坚持以安全诚信的交易环境和服务平台、可对比的低价位、高品质的商品、专业的唯美设计、完善的售后服务,打造成中国最大名牌折扣网。如果商家不是知名品牌的供应商或者代理商,唯品会会拒绝商家入驻,如图 2.2.4 所示。

图 2.2.4

3．C2C 模式网站

（1）淘宝网

淘宝网是亚太地区较大的网络零售商圈,由阿里巴巴集团在 2003 年 5 月创立。淘宝网作为中国人气最高的网购零售平台,拥有近 5 亿的注册用户数,每天有超过 6 000 万的固定访客。随着网站规模的扩大与用户量的增加,淘宝网从最初单一的 C2C 模式变成了包括 C2C、分销、拍卖、直供、众筹、定制等多种电子商务模式在内的综合性零售平台。不同于阿里巴巴批发网、京东商城等网站要求入驻商家是企业,淘宝网主要服务的对象是个人,因此是个人开店的首选,如图 2.2.5 所示。

（2）易趣网

易趣网由邵亦波及谭海音于 1999 年 8 月在上海创立,主营电子商务。易趣网以竞价、一口价及定价形式,为个人及大、小商家提供了低成本高流量的销售渠道,为买家提供价廉物美的各式商品,包括电脑、手机、服饰、房产等。2002 年,易趣与 eBay 结盟,更名为 eBay 易趣,并迅速发展成国内最大的在线交易社区。不仅为卖家提供了一个网上创业、实现自我价值的舞台,品种繁多、价廉物美的商品资源,也给广大买家带来了全新的购物体验。易趣网虽然知名度也较高,但是与淘宝网相比,其免费店铺的服务项目还不是很丰富,因此它仅是个人开通网店的备选平台,如图 2.2.6 所示。

图 2.2.5

图 2.2.6

活动评价

本活动主要介绍不同电子商务模式中的典型网站,学生能够通过了解这些不同的网购平台,分析网站的优缺点,进而提高思考能力。

活动 2　介绍移动端店铺

活动背景

据艾媒网数据显示,自 2013 年以来,中国移动电商用户规模呈现出逐年增长的趋势,2021 年我国移动电商用户规模达 9.05 亿人,同比增长 14.84%,预计 2023 年我国移动电商用户规模达 11.39 亿人。随着电商行业逐步成熟,新零售、拼购电商概念的提出,农村网民规模的增大,移动电商市场前景广阔。一些商家抓住时机,纷纷构建移动端商城,吸引消费者。目前微商百花齐放,常见的微商平台有微店、有赞微商城和微信小店等。

活动实施

1. 微店

微店作为移动端的新型产物,任何人通过手机号码即可开通自己的店铺,并通过一键分享到 SNS 平台来宣传自己的店铺并促成成交。传统的店铺一方面要有优势的资源,还要有丰富的推广经验。而微店中的供应商只需定义好商品的属性和价格,推广销售工作交给微店主。交易完成后,供应商的商品销售出去,微店主也获得一定的佣金,一举两得。微店开店门槛非常低,店铺完全免费且交易不收取任何手续费,因此开店的人群可以是年轻妈妈、学生或者年轻白领,如图 2.2.7 所示。

图 2.2.7

2. 有赞微商城

有赞微商城是一个移动商城平台,帮助商家快速搭建商城,在网上卖货、营销、分销、成交、管理客户,为商家提供底层整套的店铺系统。通过将微信(微博)账号绑定有赞店铺之后,微信(微博)则成为店铺面向粉丝的重要出口。微商城作为第三方平台,结合了店铺与微信公众号两者的优点且所有的服务全部免费,开通的方式也很简单,适合个人开店,如图2.2.8所示。

图 2.2.8

活动评价

通过介绍这些微商店铺,让同学们意识到创业并不是一件难事,用心去发掘,也许商机就在身边。

合作实训

老师引导同学们用手机号注册微店账号,然后每个同学都要用账号开通微店、装修店铺、上传商品等操作。如果条件允许,可以将 2~3 个同学分为一组,角色扮演,真实地在微店里下单购物。

任务 3　做好开店前准备

情境设计

经过多次的筛选与比较,楚风终于决定选择淘宝网作为网上开店的平台。然而他发现在正式开通网店之前,他还有一些细节工作要完善。因此他凭着自己专业的电商知识,将开店需要用到的软硬件技术全部罗列出来,查漏补缺,并及时补充与完善,做到尽善尽美。同时还要对网店经营者做一个整体的评定,这对店铺的后续经营非常重要。

任务分解

本任务细分为软硬件介绍和自我评定两部分。硬件部分的内容主要是介绍开店用到的硬件,如电脑、移动电话等;软件部分则是聊天、图像处理工具软件等。自我评定部分的内容则是分析了开店之前,店主需要对自己或者店铺后续经营的情况做一个评定,完善之前策划书内没有提及的注意事项,争取做一个成功的店铺经营者。

活动1　了解软硬件技术

活动背景

网店的顺利开通离不开软硬件的支持,楚风发现软硬件技术贯穿于店铺的开通、装修、制作页面动态效果、拍摄图片、图像视频处理,上传商品到销售商品的整个过程。因此这些软硬件工具是开店必备,特别是在店铺经营的过程中更加不可缺少。

活动实施

软硬件对网店的顺利开通具有重要影响,因此详细介绍一些开店需要用到的软硬件工具。

1. 硬件

硬件主要有电脑与便捷的网络、移动电话、数码相机和打印机,见表2.3.1。

表2.3.1

电脑与便捷的网络	移动电话	数码相机	打印机
无论是开通网店还是在店铺经营过程中,都需要准备一台电脑,最好是笔记本电脑,除了方便携带,随时随地能够工作之外,还可以方便商家与顾客沟通,及时查看与回复顾客留言	提供固定的移动电话号码,方便顾客联系商家。在顾客购买商品时遇到不清楚的问题,店主可以很方便地进行指导与解答。特别是商品在使用以后出现问题时,店主通过移动手机与顾客沟通,这种联系方式比网上聊天更有效率	卖家主要通过文字与图片了解店铺商品,因此店主非常有必要拥有一台数码相机。这样可以多角度地拍摄商品,展示在自己的店铺里,买家也有机会更加直观地了解商品	可以使用打印机打印发货单,这种方式比手写发货单更加简单便捷。特别是店铺的交易量增多时,打印机的重要性不言而喻

2. 软件

软件包括办公软件、网上聊天工具、图像处理工具和网页设计软件,见表2.3.2。

表2.3.2

办公软件	网上聊天工具	图像处理工具	网页设计软件
利用办公软件可以进行文字处理、表格制作、图形图像处理、简单数据库的处理等方面工作。在店铺经营过程中,肯定会收集到很多数据,而使用Word文档和Excel表格分析这些数据,可以非常直观地反映出店铺的经营情况	目前社交软件很多,但是在淘宝网中最常用的是千牛工作平台。在千牛平台里,顾客可以咨询商家有关商品的相关信息,而商家也可以向消费者推销店铺的商品。因此千牛平台是淘宝开店必备软件,商家要熟练掌握它的使用方法	随着照相机的像素越来越高,拍摄出来的商品图片也更加美观。然而淘宝店铺中要求商品的图片质量比较高,数码相机拍摄出来的照片也要经过特殊的美化处理才能够上传到网店中。因此必须掌握图像处理技术,而常用的是Photo-shop软件	为了使店铺更加美观和精致,有时候需用到Flash软件。利用Flash软件可以制作动态的页面效果,增加店铺的观赏性,给消费者留下良好的印象

活动评价

通过本活动的学习,同学们已经掌握开店所需要的软硬件技术,并且在课余时间练习这些工具的具体使用。

活动 2 做好开店前的自我评定

活动背景

在正式开店或者店铺经营过程中,除了考虑需要用到的工具以外,还要考虑其他主客观条件的影响。进货渠道的稳定关乎着店铺的生死存亡,在选货源时,要特别注意供应商的信用程度。开网店很容易,但是要做好网店非常困难,这需要网店经营者花费大量的精力去经营店铺,有付出才有收获。同时物流对网店影响很大,因此不可忽视物流服务的建设。

活动实施

1. 进货渠道是否稳定

商品货源是网店的根本,在寻找货源时,需将货源的稳定性定为最重要的考虑条件。货源的不稳定体现在缺货、供货不及时、货物质量参差不齐,售后服务不完善,因此必须对进货渠道加以重视。

2. 经营时间是否充足

在开店过程中,与买家的交流必不可少,因此要求店主有足够的时间上网。解答顾客的商品咨询,上传商品到店铺和管理店铺中的商品等,都会耗费店主大量时间。特别是当店铺销量增加以后,店主还要花精力去寻找新的货源、进货、打包商品和联系快递公司发货等。

3. 物流是否便捷

物流是网店经营中非常重要的环节,而目前快递服务两极分化严重。在大中城市市区快递业务十分发达,但对于小县城和边远地区而言,快递业务不是很发达。主要体现在快递无法到达或者快递费用高,这对于刚刚开店的店主而言,是一笔额外的支出。因此最好选择一家服务、信誉良好的快递公司建立长期合作关系,这样不仅以后发货及时方便,一旦出现货物损坏丢失等情况时,解决起来也会省时省力。

活动评价

通过本次活动,同学们对开店所用到的工具有了深入的了解,同时又培养他们思考问题的能力,即便是很容易的一件事,也要考虑周到。

合作实训

3~5 个同学为一组,对学校周围的快递公司展开调查,同时以小组为单位写一篇调查报告上交给老师,调查内容包括以下几点:

①有哪些物流公司？

②快递服务质量如何？

③学校师生对这些快递公司满意度如何？

④针对学校师生的具体情况，适当给快递公司提出建议。

任务 4　开通网店

情境设计

开店的准备工作全部准备就绪，楚风心里的石头终于落下来了。最后只要通过了淘宝网的相关开店认证，就可以拥有自家的网店了。

任务分解

本任务主要介绍注册账号与开通网店的流程。淘宝网账号与支付宝的账号不仅是店铺创建的必要条件，而且还贯穿整个店铺的经营过程，因此它们非常重要。了解它们注册的过程，不仅让同学们对淘宝网与微商有更深入的了解，还会使得后续的开店工作变得相对容易，遇到问题也不至于手足无措。

活动 1　注册账号

活动背景

淘宝网店的开通需要用到支付宝账号与淘宝账号，因此在开店之前，商家首先要注册这两个账号。下面详细介绍注册淘宝网账号与支付宝账号的流程。

活动实施

1. 注册淘宝网账号

目前注册淘宝网账号的方式有两种，分别是手机号码注册和企业账户注册，如图2.4.1所示。

（1）手机号码注册流程。

①打开浏览器窗口，在地址栏中输入"https://www.taobao.com"或者百度"淘宝网"，打开淘宝网首页，单击左上角的"免费注册"，如图2.4.2和图2.4.3所示。

②填写手机号码后，获得验证码，在页面中输入，单击"确认"按钮，如图2.4.4所示。

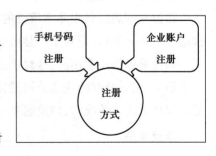

图 2.4.1

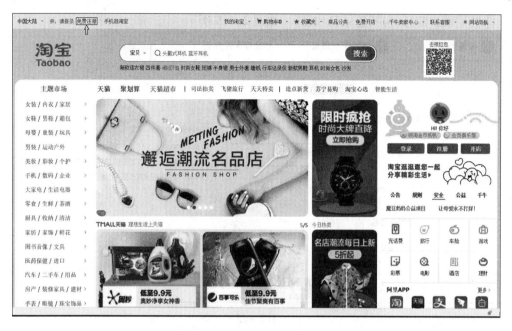

图 2.4.2

图 2.4.3

图 2.4.4

③填写账户信息,包括登录名和密码,如图2.4.5所示。

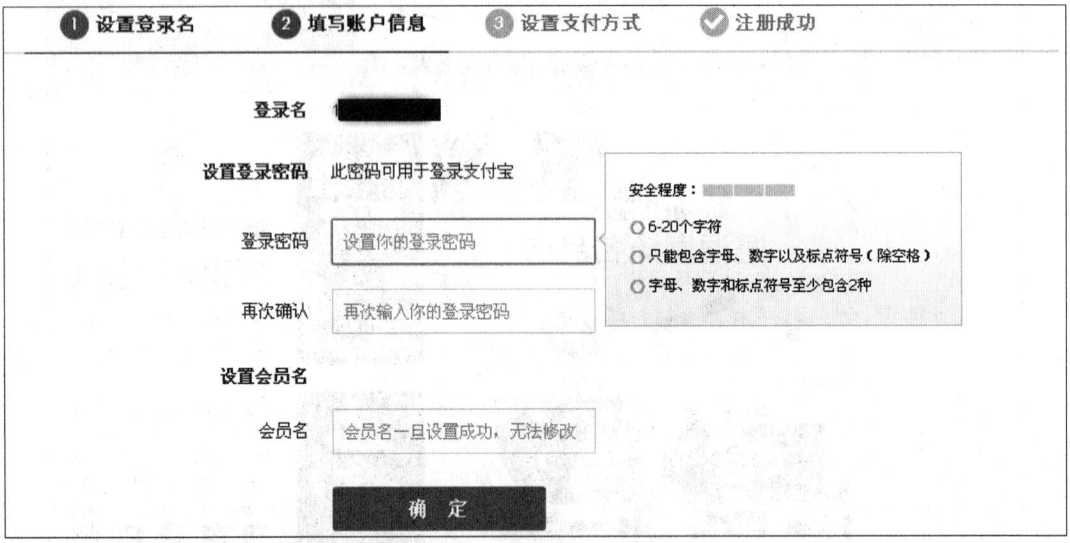

图 2.4.5

④设置支付方式,填写银行卡号和持卡人姓名。若暂时不想设置该步骤,可单击"跳过,到下一步"按钮,如图2.4.6所示。

图 2.4.6

⑤注册成功,请牢记登录名和密码,如图 2.4.7 所示。

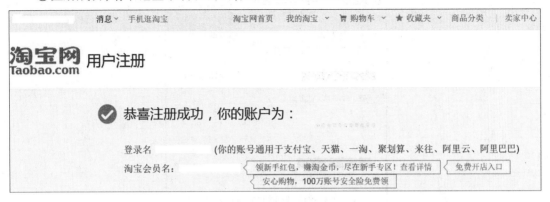

图 2.4.7

(2)企业账户注册。

①电子邮箱注册步骤。

企业账户注册淘宝账号需要用到电子邮箱,因此在注册账号之前,得事先注册一个电子邮箱账号,下面以网易邮箱为例,说明邮箱注册的过程。

a. 在浏览器地址栏输入"https://email2.163.com",单击右下角"注册新账号",如图 2.4.8 所示。

图 2.4.8

b. 选择"免费邮箱",在信息栏填写邮件地址、密码和手机号码,输入手机验证码,如图 2.4.9 所示。

欢迎注册网易邮箱

免费邮箱   VIP邮箱

@163.com ∨

✓ 恭喜，该邮件地址可以注册

••••••••••

1

手机扫描二维码，快速发送短信进行验证 ⑦

扫码不成功？试试手动发送

短信费用由运营商收取

☐ 同意《服务条款》、《隐私政策》和《儿童隐私政策》

立即注册

图 2.4.9

c. 注册成功，请记住用户名与登录密码，如图 2.4.10 所示。

163 网易免费邮 mail.163.com   126 网易免费邮 www.126.com   yeah.net 网易免费邮 | 中国第一大电子邮件服务商

✓

@163.com 注册成功！

进入邮箱

图 2.4.10

②企业账户注册步骤。

a. 打开淘宝网首页，单击左上角"免费注册"→"切换成企业账户注册"，如图 2.4.11 所示。

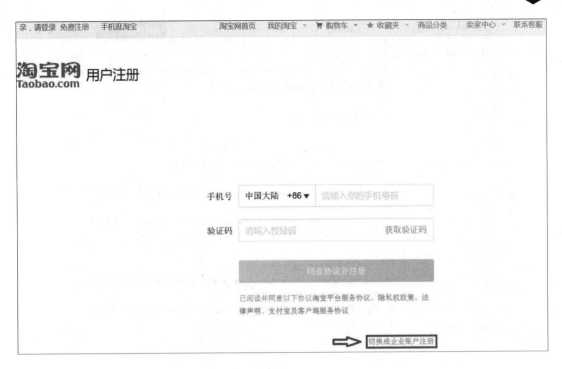

图 2.4.11

b. 输入电子邮箱账号,然后单击"下一步"按钮,如图 2.4.12 所示。

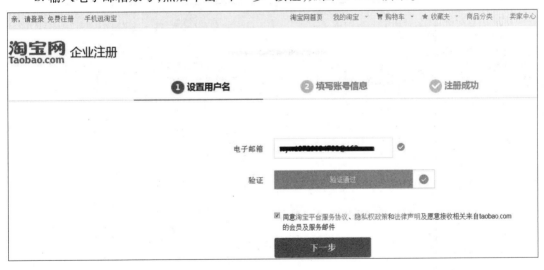

图 2.4.12

c. 淘宝网后台将发送一条邮件到电子邮箱中,然后登录邮箱后查看该链接,单击"完成注册",如图 2.4.13 所示。

d. 填写账号信息,信息包括登录密码、手机号码、会员名与企业名称,如图 2.4.14 所示。

e. 填写账号信息后,单击"确认"按钮,手机会收到淘宝网的验证码,输入验证码后,账号注册成功,如图 2.4.15 所示。

图 2.4.13

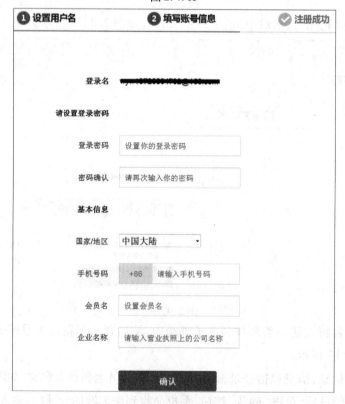

图 2.4.14

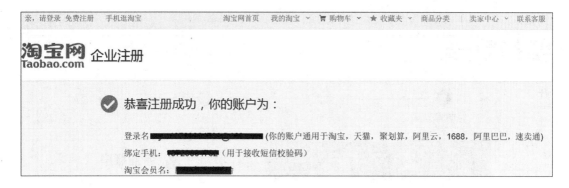

图 2.4.15

2. 注册支付宝账号

（1）在浏览器地址栏输入"https://www.alipay.com/"，然后单击"立即注册"，如图 2.4.16 所示。

图 2.4.16

（2）输入手机号码，获得手机验证码，如图 2.4.17 所示。

（3）填写身份证信息，设置密码（登录密码、支付密码）和身份证信息（真实姓名、身份证号码、职业与常用地址），如图 2.4.18 和图 2.4.19 所示。

单击"确定"按钮以后，会出现以下两种情况：

①未通过身份证验证，可以在网上购物，但不可以充值、查询收入明细、收款金额不能使用，单击完成"实名认证"即可。若原来已有支付宝账户通过了实名认证，可单击"关联认证"操作。

②通过身份信息验证，可以使用支付宝所有功能（但收款额度只有 5 000 元/年）。若完成实名认证后，则无收款额度限制。

图 2.4.17

图 2.4.18

图 2.4.19

（4）在设置支付页面中输入银行卡账号，单击"同意并确定"。若没有银行卡或者暂时不设置支付方式，可单击"先跳过，注册成功"，支付宝个人账户注册成功，如图 2.4.20 所示。

图 2.4.20

活动评价

注册淘宝网账号与支付宝账号是开通淘宝网店的前提，也为淘宝网店的下一步经营奠定了基础。

活动2　开通 PC 端网店

活动背景

淘宝网账号与支付宝账号注册完成以后,可以在淘宝网上按照开店流程的提示进行证件电子版照片的上传,以及相关信息的填写。最后完成支付宝的实名认证与淘宝开店认证,等待淘宝网后台的审核,审核通过之后就可以创建店铺了。

活动实施

1. 淘宝上开店的条件

(1) 个人条件:年满 16 周岁。

(2) 开通与身份证信息相符的网银账号。

(3) 注册淘宝平台账号,支付宝实名认证及店铺开店认证,所传电子版照片要标准规范,主要要求如下:

① 手持身份证正面的文字信息必须完整清晰,否则认证肯定不通过,如图 2.4.21 所示。

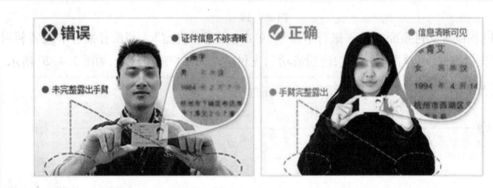

图 2.4.21

② 身份证有效期要根据身份证背面(国徽面)准确填写,否则认证不通过,如图 2.4.22 所示。

图 2.4.22

注意:身份证背面有效期如果不是长期的用户,不要选择"长期",否则审核不通过,如图 2.4.23 所示。

③如需上传身份证背面照,要确保证件文字清晰,且身份证有效期在 1 个月以上,如图 2.4.24 所示。

图 2.4.23   图 2.4.24

2. 开通淘宝网店流程

(1)在浏览器地址栏"https://www.taobao.com"进入淘宝网主页,登录淘宝账号,单击右上角"卖家中心"→"免费开店",如图 2.4.25 所示。

图 2.4.25

(2)店铺类型有个人店铺与企业店铺,选择"创建个人店铺",如图 2.4.26 所示。

(3)店铺的开通需要支付宝实名认证与开店认证,单击"立即认证",如图 2.4.27 所示。

(4)分别上传身份证电子版照片正反两面,输入身份证有效期,单击"确定提交"按钮,支付宝实名认证完成,如图 2.4.28 所示。

图 2.4.26

图 2.4.27

图 2.4.28

（5）单击"立即认证"按钮，进行淘宝开店认证，如图 2.4.29 所示。

图 2.4.29

（6）单击"立即认证"按钮，如图 2.4.30 所示。

图 2.4.30

（7）通过手机淘宝客户端"扫一扫"功能扫描二维码；若未下载手机淘宝客户端，请单击二维码图中的"下载淘宝客户端"进行下载，下载安装完成后再使用扫码功能进行认证，如图 2.4.31 所示。

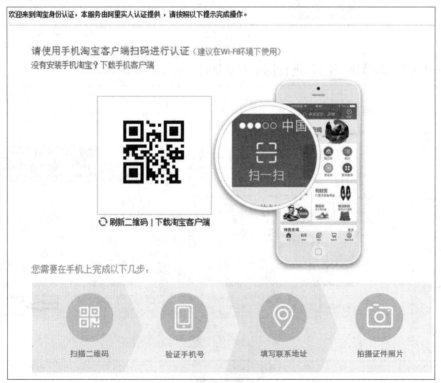

图 2.4.31

（8）根据手机页面提示依次进行操作，如图 2.4.32—图 2.4.34 所示。

图 2.4.32

图 2.4.33

图 2.4.34

(9)通过开店认证后,单击"创建店铺"按钮,如图 2.4.35 所示。

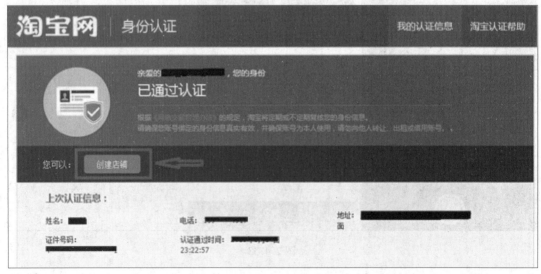

图 2.4.35

(10)单击"同意"按钮后,店铺即可创建成功,如图 2.4.36 所示。

图 2.4.36

店铺创建成功以后,可以设置店铺的其他信息,不过要特别注意以下两点:

①设置店铺名称时,注意不要使用其他产品的品牌名或已经注册在用的商标名称等。

②创建店铺成功后,请仔细阅读淘宝网中的相关条款,其中消费者保障基础服务在店铺创建成功时就已经加入,但是不代表着店主在发布某些类目的商品时不再缴纳保证金。根据淘宝网《消费者保障服务协议》中的基础消保保证金相关规定,不同商品类目的商品,需要缴纳的金额也是不同的,必须缴纳保证金才能发布商品的类目(摘选部分),如图 2.4.37 所示。

必须缴纳保证金才能发布商品的类目(摘选部分)

一级类目名称	二级类目名称	三级类目名称	强制保证金额度			
				网游装备/游戏币/帐号/代练		1000
电脑硬件/显示器/电脑周边			1000	笔记本电脑		8000
数码相机/单反相机/摄像机			1000	MP3/MP4/iPod/录音笔		1000
电玩/配件/游戏/攻略			1000	手机		50000
玩具/童车/益智/积木/模型			1000	美容护肤/美体/精油		5000
家装主材			1000	零食/坚果/特产		1000
男装			2000	个人护理/保健/按摩器材		1000
书籍/杂志/报纸			1000	移动/联通/电信充值中心		1000
音乐/影视/明星/音像			1000	箱包皮具/热销女包/男包		1000
腾讯QQ专区			1000			
网络游戏点卡			1000			

图2.4.37

活动评价

本活动的内容是电子商务专业学生所要掌握的技能之一,要求所有的同学必须掌握。网上开店创业已经成为一种潮流,为同学们以后的工作指引了一个新的方向,同时增添了许多生活色彩。

活动3 开通微店

活动背景

随着互联网的快速发展和网民规模的不断扩大,特别是使用手机上网的用户快速增加,带动了移动电子商务的爆发性增长。微商是移动电子商务发展的必然产物,利用社交平台可以快速地推广和管理产品,打破传统线下线上渠道销售产品的模式。

活动实施

微商平台众多,本活动主要选择微店进行开店流程的介绍。

(1)先在手机应用商城下载"微店店长版"App,打开App后,点击"注册"按钮,如图2.4.38所示。

(2)填写手机号码,获得验证码后输入,设置登录密码,如图2.4.39所示。

(3)设置店铺信息(店铺名称与店铺Logo),邀请码可以不填写,如图2.4.40所示。

(4)完善开店信息,如图2.4.41所示。

图 2.4.38

图 2.4.39

图 2.4.40

图 2.4.41

（5）创建店铺成功,如图2.4.42和图2.4.43所示。

图2.4.42　　　　　　　　　　　　　　　图2.4.43

温馨提示

创建店铺成功后,若想发布商品,还得继续完成开店认证。微店的店铺分成三种类型,个人店铺、企业店铺/公司和个体工商户/个人独资企业,因此要选择相应的店铺完成开店认证。

活动评价

通过本活动的学习,同学们对微商的开店方式有了深刻的认识,为以后开通微店奠定了基础。

合作实训

2~3个同学为一组,相互合作,协调分工,实操淘宝网开店流程,具体分工如下:

①注册淘宝网和支付宝账号。

②拍摄身份证正反两面电子版照片,并开通银行卡的网银业务。

③按照淘宝网相关要求,通过支付宝实名认证和开店认证。

④创建店铺成功,并且设置店铺名称等信息。

项目小结

本项目主要介绍了开设网店的前期准备,包括策划网店与撰写策划书,选择开店平台,从做好开店前的软硬件工具准备到最后注册账号、开通网店。网站策划书相当于实施方案,对开店及以后的经营做了初步的规划,重要性不言而喻。好的网购平台是店铺获得利润的保证,在开店平台的选择上不能有丝毫的马虎,要认真挑选,仔细比较后再做出决定。最后,一定要清楚了解开店平台的规则,方便店铺创建成功以后更好地经营。

项目检测

1. 单选题

(1)下列不属于 C2C 电子商务平台的是(　　　)。

　　A. 淘宝网　　　　　　B. 易趣网　　　　　　C. 当当网　　　　　　D. 拍拍网

(2)下列不属于在淘宝网上注册开店流程的是(　　　)。

　　A. 单击免费注册　　B. 输入验证码　　　　C. 登录邮箱激活　　D. 下单

(3)下面哪个是第三方 C2C 电子商务平台的主要特点?(　　　)

　　A. 消费群体较小　　　　　　　　　　B. 价格优势

　　C. 具有极高的安全性　　　　　　　　D. 成本高,但回收快

(4)下面哪个不是网上商店具有的优势?(　　　)

　　A. 经营方式灵活　　　　　　　　　　B. 消费者范围小

　　C. 受的限制少　　　　　　　　　　　D. 开店成本低

(5)不适合电子商务的业务是(　　　)。

　　A. 软件、音像制品的购销　　　　　　B. 时装和易腐食品的购销

　　C. 旅游服务的促销　　　　　　　　　D. 出版业务

2. 多选题

(1)目前网店主要有哪几种付款方式?(　　　)

　　A. 网上支付　　　　B. 邮局汇款　　　　　C. 货到付款　　　　　D. 银行汇款

(2)网店线上推广方法包括(　　　)。

　　A. 平台付费推广　　B. 店铺信用推广　　　C. 社区推广　　　　　D. 网店促销

(3)可以根据以下哪几个方面来选择店铺风格?(　　　)

　　A. 自己的喜好　　　B. 店铺的主营项目　　C. 从客户的角度　　　D. 主流风格

(4)注册支付宝账户要填写的信息是(　　　)。

　　A. 真实姓名　　　　B. 证件类型　　　　　C. 证件号码　　　　　D. 安全保护问题

(5)支付宝账户注册成功后可实现的功能有(　　　)。

　　A. 账户充值　　　　B. 银行卡付款　　　　C. 手机支付　　　　　D. 积分兑换

3. 判断题

(1)支付宝是淘宝独创的针对网上安全交易所设计的安全付款发货方式。　　　　　(　　　)

(2)密码保护功能可以保障你的淘宝会员名更安全。当密码发生问题时,能帮你更安全快捷地取回。   ( )

(3)在淘宝网上开设店铺,支付宝账户必须要实名认证。   ( )

(4)网店店标就是网店的招牌,应尽量与店铺名称或销售商品种类保持一致。 ( )

(5)淘宝会员名注册成功后可以修改,选择你喜欢并能牢记的,推荐使用中文会员名。

                                                               ( )

4. 简述题

(1)网店策略有哪些?

(2)网店进货渠道不稳定体现在哪几个方面?

(3)简述在淘宝网开店的优势。

项目 3　拍摄并美化商品图片

项目综述

在筹划好网店后,品牌中心的负责人小高就组织部门人员开始商品的拍摄和图片的美化工作。因为除了直接参与网上分销的网店外,绝大部分网店均需要相关的产品图片才能进行下一步的网店装修和运营操作,所以需要进行商品拍摄和图片美化工作,为网店的商品上架和网店装修提供图片素材。考虑到在电子商务交易过程中,商品图片是消费者对网店产品的第一直观印象,从中可以了解到商品的材质、外观、包装等信息。佳美服饰决定公司的网店应该由自己的品牌中心部亲自装修和参与商品的拍摄。小高决定组织成员认真研究商品特点,讨论合适的拍摄方案,力求突出产品特性,为美工组提供优质的图片素材,为美工组做好前期图片裁剪、后期的美化提供便利。此外,通过合理管理图片空间,为下一阶段网店装修提供准确的产品图片调用地址。

小高将这部分工作限定在两周内完成,分别是:商品拍摄、图片美化、管理图片空间,下面从这 3 个任务实例进行讲解,介绍网上开店中的商品图片前期拍摄和后期处理技能。

项目目标

知识目标

➤ 了解不同材质商品的布光方式

➤ 了解商品拍摄的取景和构图

➤ 了解商品的摆放、造型及拍摄风格

➤ 了解图像的大小、分辨率、图像模式、格式

➤ 了解图像的透视

➤ 了解图像的色相、饱和度、明度

能力目标

➤ 掌握不同材质商品的布光方式

➤ 掌握商品拍摄的取景和构图方式

➤ 能使用 Photoshop 软件裁切图片、纠正图像的角度

➤ 能使用 Photoshop 软件调整图像的色彩

➤ 能使用 Photoshop 软件替换图像的背景

➤ 能使用 Photoshop 设计商品主图

➤ 能结合文案进行图片修饰

素质目标

➤ 培养学思结合、知行统一的工匠精神

➤ 培养承受挫折、失败的能力

➤ 增强知难而上的科学精神和勇于探索的创新意识

➤ 培养精细化、精准化运营的工匠精神

项目思维导图

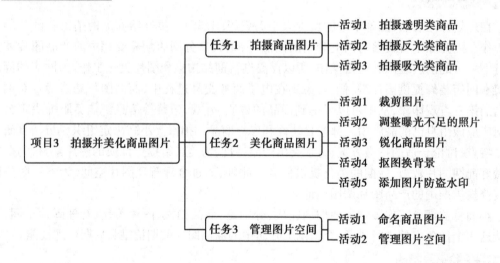

任务 1　拍摄商品图片

情境设计

在筹划网店工作结束后,采购部门按照计划迅速采购了商品,即将开展拍摄和图片处理工作,企业安排拍摄组的负责人小王和美工组的负责人小玲召集部门成员研究拍摄方案。美工组从自身对图片的处理需求出发,要求所拍摄的图片原图清晰、不变形、光线均匀、突出

主体、展现商品特色。拍摄组根据美工所提要求,反复讨论,决定使用自有的佳能单反相机,采用相机的最大分辨率、最高画质拍摄,并根据拍摄环境重新设置好相机的手动白平衡;拍摄时从商品正面、侧面、背面入手拍摄,根据产品特征拍摄局部细节图。

任务分解

小高接到商品拍摄任务后,与拍摄组的组员多次交流,研究拍摄方案。首先分析商品的材质,他们根据商品的表面材质将商品归为三大类:吸光类、透明类、反光类;然后根据拍摄风格和商品特性,从包括布光、取景和构图方式三个方面做出具体的拍摄方案。其中布光方式包括吸光类、反光类、透光类商品在拍摄时的光线亮度、角度控制,使图片能真实反映商品特性;取景方式包括体现商品特色,强调拍摄手法等;构图方式要求体现商品的摆放、组合搭配等。

主要步骤:针对不同类型的商品,从光线、拍摄角度、取景和构图等方面掌握拍摄商品的主要技能。

活动 1 拍摄透明类商品

活动背景

小高接到拍摄任务后,查看了拍摄产品清单,看到有玻璃瓶、茶壶、水杯等商品,这些都是属于透明类玻璃材质的商品,透明类物体布光的主要表现目的有三个:一是表现被摄体本身的质感;二是表现被摄体的造型形态;三是表现物体不同的透明度。

活动实施

(1)布置简易场景。本活动拍摄都采用简易的静物拍摄台,将拍摄物品放置摄影台中间考前的位置,如图 3.1.1 所示。

(2)机位选择。根据所需不同构图可以采用不同的拍摄角度,那么相机的位置就要有所变化,如图 3.1.2 所示。

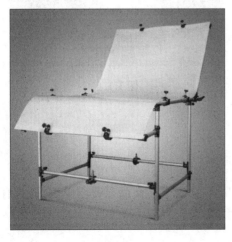

图 3.1.1

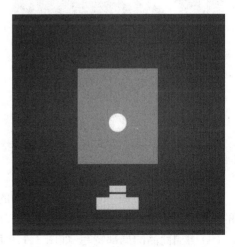

图 3.1.2

（3）放置主光灯。主光灯放置在机位的左前方,如图3.1.3所示。

（4）放置顶灯。顶灯放置在被摄物体的上方,如图3.1.4所示。

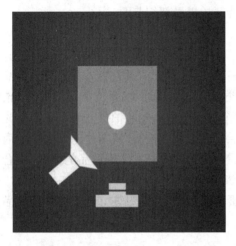

图3.1.3　　　　　　　　　　　　图3.1.4

（5）放置背景灯。背景灯位于商品的右后方,照亮背景,如图3.1.5所示。

（6）测试。检查商品的位置与灯光的角度,根据商品的拍摄位置适当调整灯光高度和前后位置,使商品边缘、投影清晰,场景如图3.1.6所示。

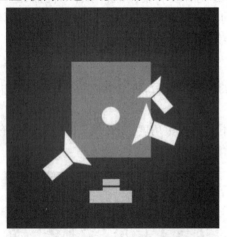
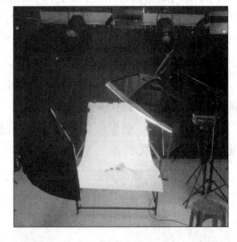

图3.1.5　　　　　　　　　　　　图3.1.6

想一想

我们应该从哪几方面去展现商品特色?

（7）整体拍摄展示,如图3.1.7所示。

（8）我们拍摄的是一个装着菊花茶叶的透明玻璃瓶,为了让商品显得不单调,而且有居家的感觉,可以增加装饰的物品,如图3.1.8所示。

（9）增加商品的局部特写,如图3.1.9所示。

（10）同类商品的共同展示,如图3.1.10所示。

图 3.1.7

图 3.1.8

图 3.1.9

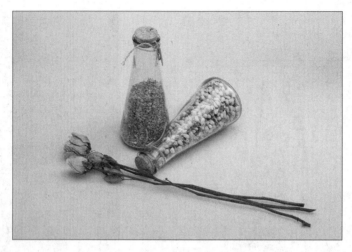

图 3.1.10

友情提示

　　拍摄透明类商品时,不同的品种有不同的拍摄手法。如前面举例的是装茶叶的玻璃瓶,想要营造精致的居家氛围;但如果是红酒,就需要更庄重的环境,或者需要更多的拍摄配件。

活动评价

　　从透明类商品拍摄来看,在拍摄过程中要注意灯光的角度,在照亮商品整体轮廓的同时尽量展现商品的材质特点。此外,要注意闪光灯投射在玻璃物品上面的光斑大小,需要不断调整闪光灯与商品的距离,以此得到最佳的效果。

活动2　拍摄反光类商品

活动背景

　　小高接到拍摄任务后,查看了拍摄商品的清单,清单中有餐具器皿、刀、叉和勺等商品,这些都属于金属类材质的商品。由于反光类商品表面的光洁度很高,能将绝大部分甚至全部的光反射回去,且大部分此类被摄体都能将周围的物体清晰或模糊地映照在表面上。因此,此类商品对拍摄技术和布光要求较高。下面以西餐中淋牛排的汁斗为例来学习反光类商品的拍摄。

活动实施

　　(1)布置建议场景。使用一个简易的静物拍摄台,将商品摆放在静物台上面,如图3.1.11所示。

　　(2)机位选择。相机跟商品的中心点处于同一条水平线上,如图3.1.12所示。

　　(3)放置主灯。主灯放置在机位的左前方,如图3.1.13所示。

　　(4)放置顶灯。顶灯放置在机位的右上方,如图3.1.14所示。

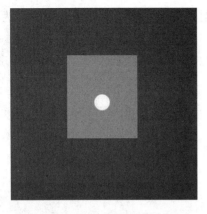

图 3.1.11

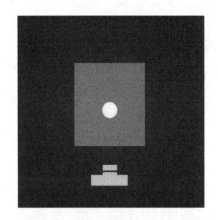

图 3.1.12

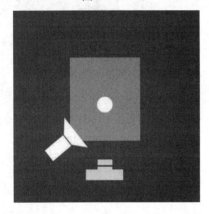

图 3.1.13

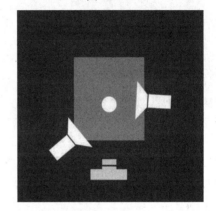

图 3.1.14

（5）放置辅灯。辅灯放置在机位的右前方，如图 3.1.15 所示。

综合如图 3.1.16 所示。

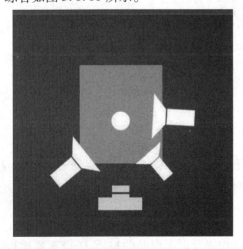

图 3.1.15

图 3.1.16

（6）设置三盏灯参数，主灯为 3，辅灯为 1，顶灯为 2，三盏灯的光强比初步为 3∶1∶2，边拍摄边调整。

（7）设置相机参数，白平衡为手动 5 500 K，拍摄模式为 M 挡，光圈为 F10，快门为 1/125，我们也可以边拍摄边微调相机的参数。

知识窗

一般快门的参数会设置为 1/125，因为我们拍摄的是静物，对快门不会有太高的要求，而且快门太高也会超出闪光灯的速度。光圈一般会在 F10 左右的小光圈范围，这样才能得到比较锐利的画面，比较小的景深。

（8）整体拍摄展示，如图 3.1.17 所示。

图 3.1.17

图 3.1.18

（9）从不同角度的展示，如图 3.1.18 所示。

（10）包装整体展示，如图 3.1.19 所示。

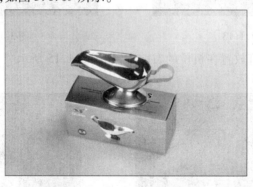
图 3.1.19

友情提示

当反光商品当中较为清晰地反射到摄影师时，可以尝试旋转商品进行不同角度的拍摄，或者使用黑布对摄影师身体主要的部位进行遮挡。

活动评价

本活动通过对汁斗的拍摄，我们掌握了一些拍摄反射类商品的技巧，关键需要拍摄出商品的质感。另外，要避免将摄影师的身影拍摄进去。为了达到更好的效果，还需调整闪光灯的位置与功率，在商品背景上我们也可以多做尝试，小小变动也会产生很不一样的效果。

活动 3　拍摄吸光类商品

活动背景

小高接到拍摄任务后,查看了拍摄商品清单,清单中有衣服、鞋袜、帽子等商品,这些都属于吸光类的商品。所谓吸光类商品,就是商品表面并无明显反光的材质,不会反射周边物体,绝大部分的商品都属于吸光类,如我们熟悉的服饰类商品,衣服、鞋袜等。根据所想达到效果的不同,可以采用两盏或三盏闪光灯进行布光,根据拍摄的角度不一样,闪光灯的位置也会不同。下面,以袜子为例进行拍摄。

活动实施

(1)准备好景物摄影台,将袜子放置在摄影台中央,调整摄影台背景的弯曲度,趋向于90°,如图 3.1.20 所示。

(2)在左侧布置主光,如图 3.1.21 所示。

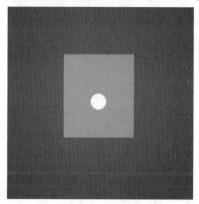

图 3.1.20

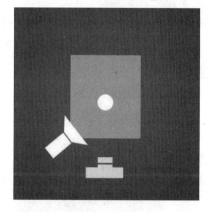

图 3.1.21

(3)在右侧布置辅光,如图 3.1.22 所示。

(4)最终现场布置图,如图 3.1.23 所示。

图 3.1.22

图 3.1.23

友情提示

由于袜子是展平在静物台上的,因此机位是俯拍,那么灯光角度也应该是由高往下打的,这点需要灵活运用。

(5)进行全景拍摄,如图3.1.24所示。

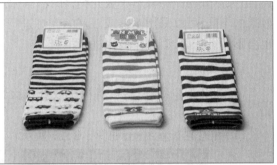

图3.1.24

(6)局部特写,如图3.1.25所示。

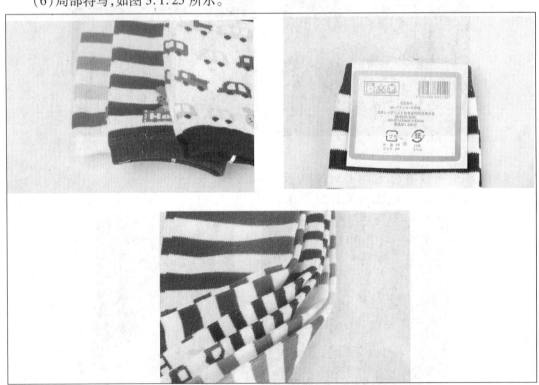

图3.1.25

(7)可以变动这商品以形成某种造型,如图3.1.26所示。

图 3.1.26

活动评价

拍摄吸光类商品首先要解决布光的方式,此次作为例子的袜子基本是俯拍,那么主光闪光灯的角度就应该是由上至下,将袜子的大面积照亮。布光的方法是多种多样的,需要多尝试。另外,每一种商品的特点不一样,如袜子,消费者需要通过图片能看到袜子的文理和质感,需要通过不同的拍摄角度来表现。

任务 2　美化商品图片

情境设计

商品拍摄的目的是在让消费者在网络上通过照片来识别商品的造型、颜色、功能等,消费者会用放大镜,挑毛病的心态来浏览这些照片,从而让自己决定买还是不买这个商品。无论我们在前期对布光以及相机做如何的设置,照片总会有这样或那样的问题需要后期去修整,这是我们商品图片后期编辑的目的。

任务分解

小高拿到了一大堆商品的照片,他们的团队需要在规定的时间内对图片进行后期编辑,以达到美化商品图片的目的。一张商品照片究竟要经过哪些后期处理呢? 一般会经过裁剪、调整色彩、抠图以及做一些基本修饰这四部分的后期处理。下面把这四部分分成 4 个活动来进行实践。当今做图片后期处理我们用得最多的软件是 Photoshop,下面以 Photoshop 为例进行这 4 个活动的实践。

活动 1　裁剪图片

活动背景

每张商品图片原始的尺寸以及构图不一定符合在网页展示中的排版要求,所以需利用 PS 对图片进行裁剪。

活动实施

(1)打开"项目 3 素材/袜子.jpg"素材图片,如图 3.2.1 所示。

为了压缩空间,将原图下面空余部分剪裁掉。

(2)点击 PS 左侧工具栏中的"裁剪"按钮,如图 3.2.2 所示。

图 3.2.1

图 3.2.2

裁剪有两种方式:一种是拖动控制条,由鼠标控制几个控制点进行任意或者按原有比例裁剪,如图 3.2.3 所示。第二种是直接输入尺寸和分辨率进行精确的裁剪,如图 3.2.4 所示。

(3)直接用鼠标拖动控制点将原图裁剪为宽屏幕的尺寸,留图片上面部分进行商品广告词的排版空间,如图 3.2.5 所示。

(4)单击"裁剪"按钮,然后将裁剪完的图片另存为新的.jpg 文件。效果如图 3.2.6 所示。

图 3.2.3

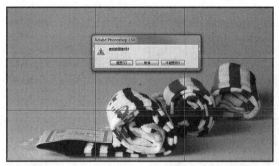

图 3.2.4

图 3.2.5

图 3.2.6

活动评价

裁剪图片的操作看似简单,实际包含了构图、排版等重要内容。我们应当结合整个版面布局以及网页页面效果来对原有图片进行裁剪,而不要盲目地裁剪。另外,由于前期拍摄和后期版面排版的思路不一定清晰,或者与网店装修团队沟通不一定有效,那么可以适当多预留一点的裁剪空间,以便后期人员处理。注意:拍摄时,构图不必做到太过于精确,这样会让后期人员无从下手。

活动2　调整曝光不足的照片

活动背景

在拍摄商品图片时,如果光线暗导致曝光不足,那么拍出来的图片就会偏暗发灰,很多细节无法清晰显现;如果光线太强导致曝光过度,则图片会显得太亮,同样也无法看清楚商品的细节。当出现这两种曝光问题时,可以通过 Photoshop 软件进行处理。

活动实施

1. 使用"阴影/高光"调整

使用"阴影/高光"调整,可以修复图像中过暗或过亮的区域,从而使图像尽量显示更多的细节。"阴影/高光"命令允许分别控制图像的阴影或高光,非常适合校正强逆光而形成的剪影的照片,也适合校正由于太接近闪光灯而有些发白的焦点。图 3.2.7 为调整前后的对比效果图。

图 3.2.7

(1)启动 Photoshop,按"Ctrl + O"快捷键打开"项目3 素材/鞋子.jpg"素材图片,观察发现图像偏暗,如图3.2.8 所示。

(2)执行"图像"→"调整"→"阴影/高光"命令,如图 3.2.9 所示。

(3)打开"阴影/高光"对话框,设置"阴影"数量为 35%,单击"确定"按钮,如图 3.2.10 所示。

图 3.2.8

图 3.2.9

图 3.2.10

（4）设置后的图像效果如图 3.2.10 所示。

2. 使用"曲线"调整

曲线是 Photoshop 中最常用到的调整工具,理解了曲线就能触类旁通很多其他色彩调整命令。

打开"项目 3 素材/鞋子. jpg"素材图片后,按"Ctrl + M"快捷键打开"曲线"对话框,将曲线往上提高一点,如图 3.2.11 所示。单击"确定"按钮后便会得到图 3.2.12 的效果。

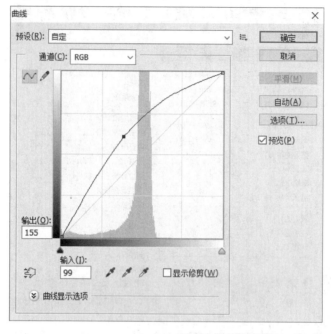

图 3.2.11

3. 使用"色阶"调整

可以使用"色阶"调整通过调整图像的阴影、中间调和高光的强度级别，从而校正图像的色调范围和色彩平衡。"色阶"直方图用作调整图像基本色调的直观参考，有关色阶信息参考图 3.2.13。

图 3.2.12

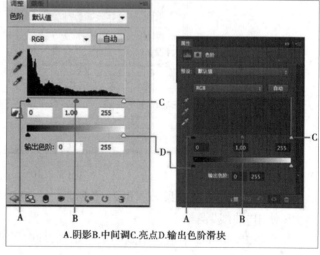

A.阴影 B.中间调 C.亮点 D.输出色阶滑块

图 3.2.13

打开"项目3素材/鞋子.jpg"素材图片后，按"Ctrl + L"快捷键打开"色阶"对话框，发现亮点部分没有像素分布，将亮点部分往左移动到有像素分布的地方，如图 3.2.14 所示。

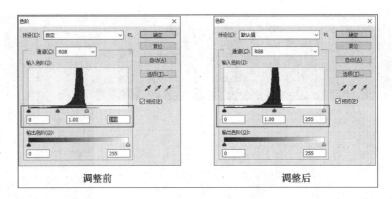

图 3.2.14

活动评价

通过以上几个练习,了解到对于曝光不足的图片,可以通过使用"阴影/高光"调整、"曲线"调整和"色阶"调整等功能来解决图片曝光不足的问题,以提高图片的整体亮度。

活动3   锐化商品图片

活动背景

在拍摄的过程中,受到相机像素和拍摄环境的影响,拍摄出来的商品图片难免会有些模糊,细节部分不够清晰,影响视觉效果。而 Photoshop 的锐化效果能够将模糊的细节部分变得清晰,从而还原商品图片真实的效果。

活动实施

在本活动中,因为光线的问题,图片显得模糊,毛巾的细节不能很好地展示出来,在这里可以使用锐化功能,同时可结合色阶饱和度等命令调整,从而提高图片的清晰度。图3.2.15为调整前后的对比效果图。

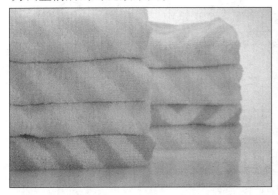

图 3.2.15

(1)打开要修改的图片后,按"Ctrl + J"快捷键复制背景图层,创建新图层,如图 3.2.16所示。

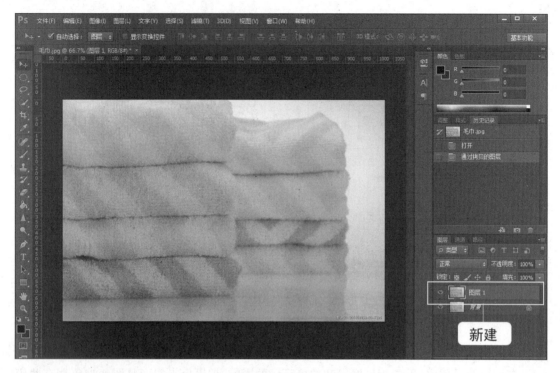

图 3.2.16

（2）执行"滤镜"→"锐化"→"USM 锐化"命令，打开"USM 锐化"对话框，设置"数量"为 100%，"半径"为 30 像素，如图 3.2.17 所示。

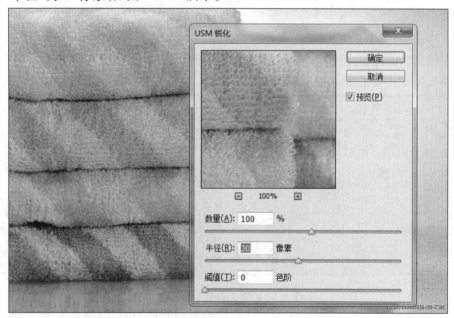

图 3.2.17

（3）按"Ctrl + L"快捷键打开"色阶"对话框，发现这张图片暗部的像素少，那么就需要调整暗部的色阶，将它移到有像素分布的地方，如图 3.2.18 所示。

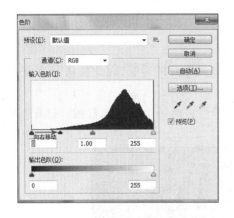

图 3.2.18   图 3.2.19

(4)执行"图像"→"调整"→"色相/饱和度"命令,在弹出的对话框中设置饱和度为" +10",然后单击"确定"按钮,如图 3.2.19 所示。

(5)执行"文件"→"存储为"命令,保存为".jpg"格式图片。最终效果如图 3.2.20所示。

图 3.2.20

活动评价

USM 锐化是一个常用的技术,是用来锐化图像中的边缘。它可以快速调整图像边缘细节的对比度,使画面整体更加清晰。在应用锐化工具时,若勾选选项栏中的"对所有图层取样"复选框,则可对所有图层中的图像进行锐化,但一定要适度。锐化不是万能的,很容易使商品变得不真实。使用锐化命令并结合"色阶"和"色相/饱和度"来调整,能更好地还原图片的清晰度。

活动4　抠图换背景

活动背景

店铺美工在收到拍摄组交来的商品图片时,发现有些商品图片背景不够干净,需要做去背景的处理,以便在后期平面设计中可以直接调用商品图。下面介绍用 PS 如何做去背景的处理,也就是经常用到的 Photoshop 抠图功能。

活动实施

本例以手提包为例,背景偏灰暗,颜色不统一,影响商品图片的美感,因此要将它换成一个纯白色的背景以便后期的文案编辑。

(1)将下图手提包从原有的淡灰色背景中抠出,然后给它换一个纯白的背景。打开"项目 3 素材/手提包.jpg"素材图片后如图 3.2.21 所示。

图 3.2.21

(2)对于这种背景色相对单一且与要抠的主题在颜色和亮度上有明显的区别,这一类图片要使用魔术棒、橡皮擦和色彩范围工具进行抠图或者处理白底图效果会更好。选择"魔术棒工具",将容差率调整为"30"。

(3)用"魔术棒工具"点击淡灰色区域,我们会看到非手提包之外的淡灰色区域形成一个大面积的选区,但不是全部,需要再逐步添加,在选项栏上选择"添加到选区"命令,如图 3.2.22所示。

(4)在选项栏上选择"添加到选区"命令后,用"魔术棒工具"在淡灰色还没有被选中的区域单击鼠标左键将其添加到选区中去。效果如图 3.2.23 所示。

(5)执行"选择"→"反向"命令,创建手提包选区,按"Ctrl + J"快捷键复制选区到新图层,然后隐藏背景图层,即可以看到抠图后的手提包图片,如图 3.2.24 所示。

图 3.2.22

图 3.2.23

图 3.2.24

　　（6）这时候可以为手提包换一个背景图片，我们将抠图完成的手提包拖放到米色的背景中，效果如图 3.2.25 所示。

图 3.2.25

活动评价

"魔术棒工具"是根据颜色的色值分布来选取图像的。其中,容差影响着选取范围的大小。以上练习只是抠图中最为简单的一种,如果遇到背景颜色与主体颜色不分明的情况,就需用到钢笔工具、通道等抠图方法。

活动 5　添加图片防盗水印

活动背景

小王辛苦拍摄的商品图片,却经常被一些不劳而获的店主盗用,这种事情让小王很是气愤。为了避免这样的事情再次发生,小王决定给自己店里的商品图片加上 Logo 水印。另外,制作精美的 Logo 水印也能起到宣传自己店铺的作用。

活动实施

(1)打开"项目 3 素材/手提包.jpg"素材图片,在手提包图片中输入店铺名称"优美聚Ymage",设置字体大小和颜色,如图 3.2.26 所示。

图 3.2.26

(2)设置文字图层的不透明度为 50% ,以免文字太清晰而遮挡商品,按"Ctrl + T"快捷键自由变换倾斜文字,摆放在合适的位置,这样就能防止别人盗图了。最终效果如图 3.2.27所示。

图 3.2.27

活动评价

在制作防盗水印后,再也不用担心别人来盗图了。在制作防盗水印的过程中,可以调节水印的透明度和位置、文字的字体,图片水印可以调节背景色是否透明。在放置防盗水印的时候,注意摆放的位置要合理,透明度要适中,不能影响商品图片的美观。

合作实训

延续上一个任务的合作分组,A、B 组员负责后期,C 组员负责检查验收,然后大家的任务再进行轮换。验收的同学填写后期处理项目检验书(见表 3.2.1)。

表 3.2.1

内　容	是否完成	效　　果
曝光是否准确		
白平衡是否准确		
对比度、锐度		
构图是否需要矫正		
照片是否需要裁剪		
产品上的瑕疵处理		
背景颜色		

任务 3　管理图片空间

情境设计

店铺美工设计师做好商品图片后,交给了产品中心的小张进行商品上传的操作,小张看了一下,有几十个商品图片文件夹,每个文件夹的商品图片也有十几张,那么光是这些商品的图片就有成百上千张。这么多的图片我们应该如何有效管理呢? 带着疑问将进行下面三个实践活动。

任务分解

产品中心的小张拿到了海量的商品图片后,必须通过淘宝的图片空间对照片进行上传,这么多的图片要求我们的命名必须系统化管理,下面将通过三个活动来学习图片空间的管理。为了更好地模拟产品的图片空间管理,我们将公司的产品假定为皮鞋、皮带等。

活动 1　命名商品图片

活动背景

小张收到的商品图片中有一张是皮带的产品图片,其中有不同颜色、不同纹理的皮带图片若干张,那么我们如何命名这些图片呢?

活动实施

(1)通过产品的网页设计后,大致将产品的网页内容安排如下:产品宣传,产品细节图,产品真伪辨别,产品颜色款式图。以皮带为例,在计算机中,按照以上分类,对图片进行分类命名,如图 3.3.1 所示。

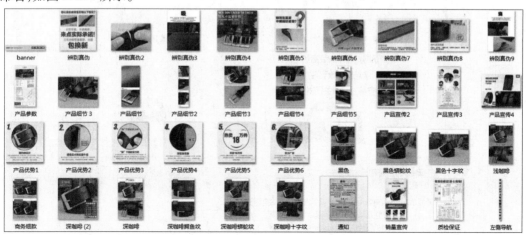

图 3.3.1

(2)登录淘宝,点击"卖家中心",在左侧导航中单击"图片空间",如图 3.3.2 所示。

图 3.3.2

进入"图片空间"管理界面,如图 3.3.3 所示。

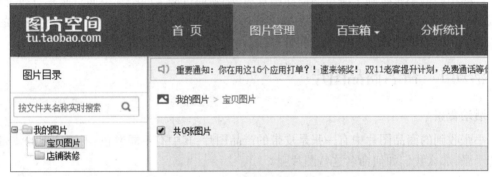

图 3.3.3

(3)单击"新建文件夹",命名为"皮带",单击 上传图片 ,如图 3.3.4 所示。

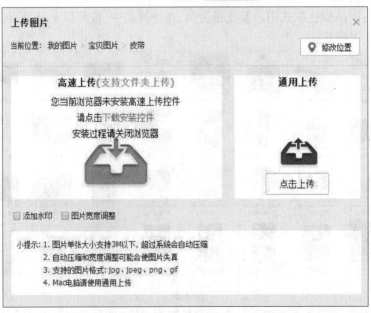

图 3.3.4

（4）单击"通用上传"，选择所有皮带图片，如图 3.3.5 所示。

上传文件中

⬆ 点击添加图片　　查看上传成功图片

9个文件上传成功

▦ 左侧导航.jpg	256.66k	上传中…	
▦ 质检保证.jpg	303.33k	上传中…	
▦ 销量宣传.jpg	617.21k	上传中…	
▦ 通知.jpg	485.55k	上传中…	
▦ 深咖啡十字纹.jpg	406.62k	上传中…	
▦ 深咖啡蝴蛇纹.jpg	397.27k	上传中…	
▦ 深咖啡鳄鱼纹.jpg	301.86k	上传中…	

图 3.3.5

等待上传图片，如图 3.3.6 所示。

图 3.3.6

在右侧区域中,可以预览已经成功上传的图片;单击图片,还可以对图片进行重命名,如图3.3.7所示。

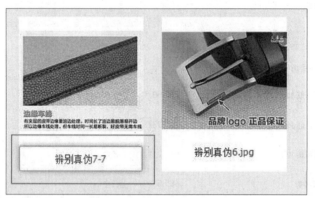

图3.3.7

活动评价

在以上活动中,可以先对拍摄的图片进行归类与命名,等待上传到图片空间后还可以对图片进行第二次重命名。通过命名,可以很迅速地找到想寻找的图片,提高管理商品图片的效率。

活动2　管理图片空间

活动背景

小张上传商品图片到图片空间后,发现有些商品图片分类不合理,于是要对已上传的商品图片进行归类整理。淘宝网卖家图片空间提供了一个类似 Windows 资源管理器的功能。在图片空间中,可以新建文件夹,可以复制、删除、移动图片,可以替换图片,也可以对图片进行简单的编辑。

活动实施

(1)在皮带文件夹下新建一个"产品优势"文件夹,如图3.3.8所示。

右击空白处,点击"新建文件夹",输入"产品优势",如图3.3.9所示。

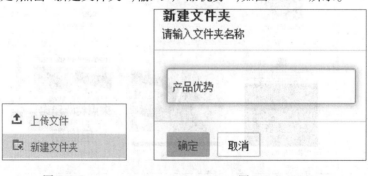

图3.3.8　　　　　　　　　　图3.3.9

(2)移动产品优势系列的图片到产品优势文件夹。选择产品优势命名的图片,可以利用

Shift 辅助键进行选择,点击"移动",如图 3.3.10 所示。

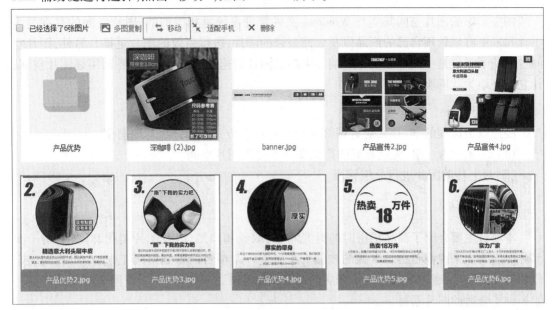

图 3.3.10

(3)选择目的文件夹"产品优势",如图 3.3.11 所示。

图 3.3.11

(4)单击"确定"按钮,所选 6 张图片均被移动到产品优势文件夹内,如图 3.3.12 所示。

图 3.3.12

活动评价

淘宝卖家的图片空间其实与 Windows 文件管理系统是相类似的,图片空间的存在是为了让卖家更好地管理自己的产品以及店铺装修的图片,进行高效的图片更换。另外,图片空间也保证了无论是手机端还是客户端买家浏览图片的速度。因此,一定要利用好图片空间,让它更好地为我们服务。

合作实训

经过以上课程的学习后,对处理好的图片进行上传并进行分组管理操作。

(1)2~3 人为一组,将处理好的产品图片上传到图片空间。

(2)对上传的图片进行分组管理。

项目小结

本项目主要介绍了商品拍摄时的灯光布置、取景和构图,以及图片美化和修饰,对于大部分网店店主来说都是必须掌握的技能。结合上一个项目的筹划网店工作,在明确网店定位和确定商品后,通过实践完成了开店前的商品图片准备工作,为下一步网店装修和产品上架提供了合适的图片素材。

拍摄商品照片由于受到拍摄场地的局限性,一般不能直接上传到网店作为商品主图或详细描述的图片。为了加强商品图片的效果,突出产品定位,绝大部分照片都需要经过后期的处理,主要包括裁剪、大小调整、色彩调整、更换背景、添加水印边框等处理。经过这些处理后的照片才能更好地结合文案展现产品特性。目前处理商品图片的工具很多,本项目主要介绍了行业内较为常用的 Photoshop 软件操作,作为功能强大的专业图像处理软件,提供了广阔的创作空间,但需具备一定的图形图像处理的基础知识。入门级网店卖家也可考虑光影魔术手等便捷的软件进行图片处理操作。

项目检测

1.单选题

(1)为了增加商品拍摄的锐度,我们可以调整照相机的(　　)参数。

　　A.快门　　　　　　B.光圈　　　　　　C.白平衡　　　　　　D.焦距

(2)刀叉属于哪一类材质产品?(　　)

　　A.反光类材质　　B.透明类材质　　C.吸光类材质　　D.其他类

(3)以下哪些商品不可以采用吸光类商品的拍摄方法?(　　)

　　A.帆布鞋　　　　B.衣服　　　　　　C.亚光塑料　　　　D.钻戒

(4)淘宝网卖家图片空间提供了一个类似 Windows 资源管理器的功能,在图片空间中,不可以进行(　　)操作。

　　A.新建文件夹　　B.复制　　　　　　C.移动图片　　　　D.粘贴

(5)以下哪个不是"图片空间"管理界面的功能?(　　)

　　A.图片管理　　　B.压缩图片　　　　C.分类统计　　　　D.图片美化

2. 多选题

(1)以下哪些商品可以采用反光类商品的拍摄方法?(　　　)

　　A.琉璃　　　　　　B.瓷器　　　　　　　C.金银饰品　　　　　D.水晶

(2)以下哪些商品可以采用吸光类商品的拍摄方法?(　　　)

　　A.帆布鞋　　　　　B.衣服　　　　　　　C.亚光塑料　　　　　D.钻戒

3. 判断题

(1)拍摄商品最好使用光圈优先的拍摄模式。　　　　　　　　　　　　　(　　　)

(2)玻璃器皿类的商品拍摄应该采用反光体的商品拍摄方法。　　　　　　(　　　)

4. 简述题

(1)为了控制闪光灯照射到被摄物体的亮度,除了可以调整闪光灯的功率,还可以采用其他的方法吗?

(2)简要介绍商品拍摄的步骤。

(3)简要介绍商品图片的后期处理流程。

(4)为什么在拍摄前要调整相机的白平衡?

项目 4 装修网店

项目综述

在拍摄和图片处理工作完成后，开始着手网店的装修工作。在平面设计部高主管的统筹下，对"优美聚天猫旗舰店"进行全面的装修。小玲从小美师傅处学到了 PS 软件的许多实用技巧，懂得了装修风格的确定、制作网店首页、店标和店招的设计、促销广告的设计、无线端网店的装修和商品内容的描述。

本项目结合《网店运营推广职业技能等级标准》(初级)的网店装修模块进行讲解，围绕首页设计、详情页设计与制作知识单元进行操作演示。从确定首页风格和设计店标、管理产品分类、装修美化网店和设计商品描述模板 4 个任务结合实例进行讲解，掌握装修网店的处理技能。

项目目标

通过本项目的学习，应达到的具体目标如下：

知识目标

➤ 了解网店装修的工作内容

➤ 了解商品的管理

➤ 了解不同的网店装修风格

➤ 了解网店的基本布局

➤ 了解网店的店标

➢ 了解无线端网店的装修

➢ 了解商品描述的基本内容

能力目标

➢ 能根据不同的需求确定网店的装修风格

➢ 能根据不同的需求设计不同类型的促销广告

➢ 能根据不同的需求对商品进行分类管理

➢ 能使用 PS 软件常用功能

➢ 能设计并使用 PS 软件制作店标

➢ 能设计并使用 PS 软件制作无线端店招

➢ 能设计并使用 PS 软件制作商品展示模板

➢ 能设计并使用 PS 软件制作各种类型的商品描述模板

➢ 培养学生色彩搭配的原理及技巧

素质目标

➢ 提高审美和人文素养,增强文化自信

➢ 树立正确的艺术观和创作观

➢ 养成运筹帷幄、综合统筹的职业素养

➢ 提高创新意识、实践能力和团队合作精神

项目思维导图

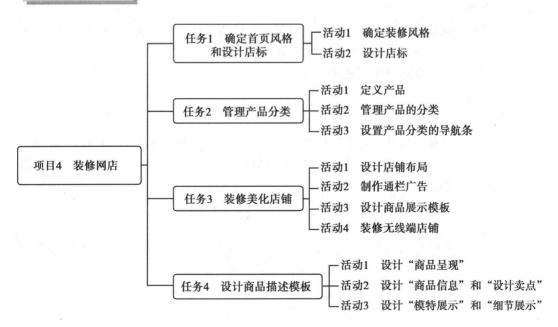

任务 1　确定首页风格和设计店标

情境设计

周一公司部门经理例会结束后,高主管立刻召开部门会议布置本周的工作。高主管首先通报公司本周的工作重点,全速推进"优美聚天猫旗舰店"开张工作。天猫网店申请成功后,本周平面设计部紧密配合其他部门的工作,对天猫网店进行装修。网店装修要根据产品的定位和营销策略进行。我们主要按新店开张和试运营的方案进行装修,并且设计出旗舰店的店标。

任务分解

根据产品定位确定网店的装修风格和装修基调。网店装修还必须配合运营部门的营销方案进行改变。如"双十一"电商狂欢节、春节、反季促销等促销活动,网店的装修应该制造营销活动氛围,促进销售。

主要步骤:首先根据《网店运营推广职业技能等级标准》(初级)首页设计与制作知识单元要求,开展店铺专属 VI 的概念、色彩的搭配原则、店标的设计原则,根据产品定位确定装修基调,然后配合不同时段的营销方案确定各阶段的装修。

活动 1　确定装修风格

活动背景

佳美服饰公司又生产了一批针对中青年职业女性的中档服饰。服饰品牌中文名是"优美聚",英文名是"Ymage",衣服主要定位于简约、甜美、优雅的风格,定价在 200~600 元。现在我们确定天猫旗舰店开张试运营的装修。

活动实施

1.确定装修基本风格

网店的装修风格可以是文艺小清新型(见图 4.1.1)、青春活力型(见图 4.1.2)、时尚潮流型(见图 4.1.3)、甜美粉嫩型(见图 4.1.4)、优雅简约型(见图 4.1.5)。根据网店产品定位选择优雅简约型。

图 4.1.1

图 4.1.2

图 4.1.3

图 4.1.4

图 4.1.5

2. 确定网店的基本色调, 配合优雅简约型的风格

网店装修的基本色调清新浅淡, 整个店面以浅色系为主。色系要单一, 配色不可过多。当然色调不是一成不变: 比如根据季节色调有所变化, 秋季(见图4.1.6)和夏季(见图4.1.7)网店色调应有不同; 比如服饰类的网店还应配合当年衣服的流行色系确定网店的颜色。一般来说, 偏冷色调装修的设计给人大气上档次的感觉, 如图4.1.8所示的店面的设计。

图 4.1.6

图 4.1.7

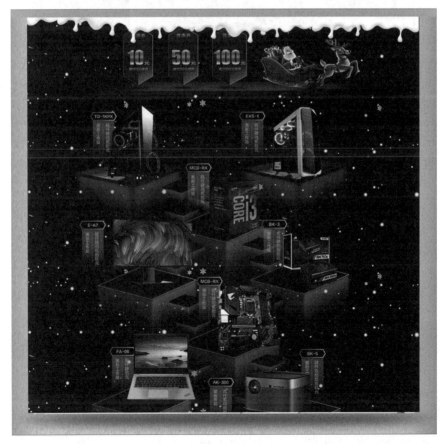
图 4.1.8

3. 确定排版格局

排版风格要与拍摄商品的摄影师协调,确定照片的风格与排版。排版中要讲究简洁、大气,整齐而不死板,避免杂乱,拥挤。如图 4.1.9、图 4.1.10 所示,图 4.1.10 相对更加简洁、大气。

图 4.1.9

图 4.1.10

4.营销活动版面装修

预留出主要版面对活动进行宣传,如通栏广告(见图 4.1.11)、产品推介(见图 4.1.12)、特色产品(见图 4.1.13)等。有些富有特色的节日,比如婚庆,店铺装修多采用喜庆的红色;比如在母亲节的促销时,网店装修可以使用温馨的色调;而"三八"妇女节的装修可采用偏粉的色调。如图 4.1.14 所示,水果季节促销、"三八"妇女节促销和母亲节促销时的网店装修的不同色调。

图 4.1.11

图 4.1.12

图 4.1.13

图 4.1.14

知识窗

　　其他商品类的装修风格的确定流程也类似,首先根据商品定位确定基本装修风格,然后确定色调和排版布局。当然,网店装修风格的确定必须与商品拍摄的风格统一,两者相辅相成。

活动评价

这次活动是小玲参加实习后的第一项工作,在讨论网店装修风格时热火朝天,唇枪舌剑,这让小玲受益匪浅。同时,小玲第一次在工作中真正用上了营销知识。

活动2 设计店标

活动背景

部门会议确定了公司网店的基本装修风格后,高主管接到通知:公司在注册天猫店时需要网店的店标。高主管要求设计部的贝贝带着小玲一起设计旗舰店的店标。贝贝和小玲在高主管的指导下,多次反复修改后终于设计出如图4.1.15所示的店标。

活动实施

1.认识网店店标(Logo)

在淘宝网搜索网店"粤品"后,搜索结果列表显示出符合结果的网店。网店的标志显示在左边方框中,如图4.1.16所示。有的网店会在产品列表中显示网店的标志,如图4.1.17所示。有的网店会在店招中显示店标,如图4.1.18所示。

图4.1.15

图4.1.16

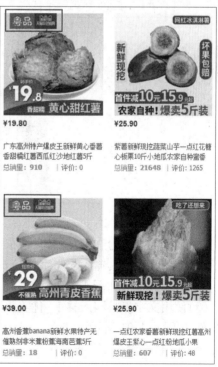

图4.1.17

店标一般由文字、图案组成。店标制作过程中要注意以下两点:

图 4.1.18

①不同的电商平台店标的尺寸有所不同,但大多要求是正方形。

②店标文件背景透明,便于应用。

2. 使用 PS 软件的形状工具制作"优美聚"店标

(1)新建 500 像素×500 像素,72 像素的透明画布。

(2)使用自定义形状工具,设置形状类型为"画框",然后选择边框 4 样式,如图 4.1.19 所示。

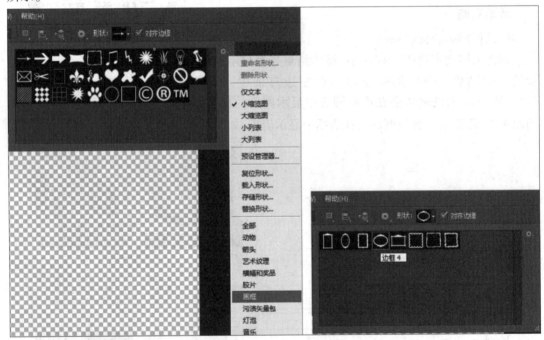

图 4.1.19

(3)设置前景色为红色,然后在画布中间拖曳出一个画框。

(4)使用文字工具输入英文字母"Ymage",设置"Blackadder ITC"字体,设置字体大小为 150 点,颜色为红色,如图 4.1.20 所示。

(5)使用文字工具输入文字"优美聚",设置字体为"方正姚体",字体大小为 80 点,颜色为黑色,如图 4.1.21 所示。

(6)在"优美聚"文字图层中单击鼠标右键选择"栅格化文字",将文字图层变成普通图层。

(7)使用"魔术棒工具"创建文字选区,然后按快捷键"Alt + Delete"填充颜色,再按快捷键"Ctrl + T"取消选区,如图 4.1.22 所示。

图 4.1.20　　　　　　　　　　图 4.1.21

创建选区　　　　　　　填充颜色

图 4.1.22

（8）将文件存储为 PNG 格式图片，最终效果如图 4.1.15所示。

活动评价

本活动主要是了解店标的相关知识，设计师设计的店标需要在听取部门主管的意见后多次修改，通过 PS 软件的"形状图层"选项来设计制作，便于随时修改形状、颜色等。

合作实训

（1）制作如图 4.1.23（a）的店铺 Logo。

要求两人合作，甲负责图案设计，乙负责文字设计。

（2）制作图 4.1.23（b）的店铺 Logo。

要求两人合作，甲负责图案设计，乙负责文字设计。

（a）　　　　　　　　　　（b）

图 4.1.23

（3）小组成员依据店铺的信息充分讨论，组长收集组员意见，最终定下"大脚丫"童鞋店，设计新店上市的首页风格，每位小组成员独立设计出店铺的 Logo，在组长的组织下，选出优秀作品一份。

"大脚丫"童鞋店主要经营婴幼儿学步鞋,以各种布鞋为主,以"舒适""健康"为卖点。价格在 20～100 元。

任务 2　管理产品分类

情境设计

在网店装修风格和网店 Logo 确定后,接下来就需要给产品起个好名字,这就关系到关键词的设置。高主管立即召开了部门会议安排下一步工作。高主管让小玲、小美和贝贝成立一个专门小组,小美担任组长,负责各项工作的统筹。专门小组的主要任务是管理产品的分类,首先设置好产品关键词,然后分工完成产品的分类管理和导航条的设置。

任务分解

管理产品是淘宝店铺日常管理工作的重点之一。本任务主要是对产品进行分类管理,包括对产品的定义、关键词的设置、产品的分类和导航条的设置。产品管理得当是提升淘宝店铺流量和转化率的关键。

小美将任务分解成以下 3 个活动:

(1)小美组织小组人员讨论,确定如何定义和选择产品关键词。

(2)小玲负责产品的分类管理。

(3)根据小玲设计的模块尺寸,贝贝负责产品分类导航条的设置。

活动 1　定义产品

活动背景

小美根据自己逛淘宝店铺的习惯发现,店铺生意的好坏,直接体现在产品的排名上。排名靠前的店铺产品,往往能够比较容易搜索出来。淘宝上的排名默认是"综合排序",紧紧抓住综合排序的相关因素带来的流量是最主要的。而在综合排序中影响产品排名的因素非常多,主要有成交量、产品上下架的时间、店铺信誉度、消费者保障服务和 7 天内退换服务、人气、橱窗推荐、退款纠纷率、服务质量等。

活动实施

1. 产品类目

一般淘宝会分出贴切的类目和属性,只要输入产品的关键词,系统就会自动寻找与之匹配的类目。进入千牛卖家中心,在左侧"产品管理"栏目中选择"发布产品",打开产品类目选择界面,可以为产品选择准确的类目,如图 4.2.1 所示。

也可以在类目选择界面中从"您最近使用的类目"下拉菜单中选择卖家的历史使用类目,这里可以快速进行类目的选择。对于之前发布过同类产品的类目选择就非常方便快捷了。

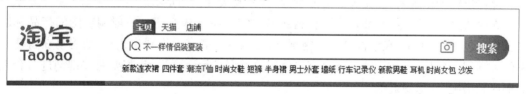

图 4.2.1

2. 设置关键词

关键词可以帮助我们更快地搜索到所需要的资源,也可以让自己的资源被更多的人搜索到。所以优化产品标题是一项非常重要的任务,因为标题是由多个关键词组成的,能大大提高产品被搜索到的概率。而淘宝系统会提供很多免费获得优质关键词的地方。

有哪些好方法可以迅速寻找关键词?

(1)首页的热门搜索的位置。

在淘宝系统大量数据分析后会总结出一些当前热门的搜索关键词,这些词是会随着节日或者季节等而发生变化的,如图 4.2.2 所示。

图 4.2.2

(2)在搜索栏搜索相关词后,在其下拉框中会出现相关的搜索。

当在搜索框中输入任意一个关键词时,比如"女春装",如图 4.2.3 所示。淘宝的搜索框会自动出现一个下拉框,里面会出现许多和搜索关键词相关的长尾关键词。因为这些词都是买家热搜的关键词,所以也是获得产品关键词的一个好办法。

(3)页面提供的"您是不是想找"的关键词。

在淘宝搜索页面上,淘宝系统会提供一栏"您是不是想找"的选项,在这里也提供了许多关键词,如图 4.2.4 所示。

(4)在首页的状态下点产品类目,会有一些词是橙色显示。

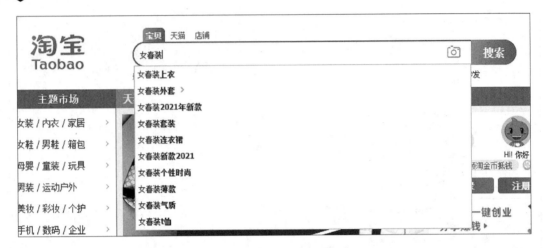

图 4.2.3

图 4.2.4

点橙色的词组进入,可在页面上方看到一些"相关搜索"词组。

无论通过哪一种途径,都是为了获得更多的点击率和成交率。一般淘宝网的产品标题最长可以包含 30 个字,在结构合理的情况下,可以尽可能多地设置出最优、最容易获得搜索率的关键词。但是,产品标题不建议直接使用关键词进行生硬拼接,需要对关键词进行合理的顺序和搭配,以达到最优。

活动评价

本活动主要是了解定义产品的相关知识。小美和各成员必须快速定义产品和选择产品的类目,为后续产品的陈列发布设置打下坚实基础。

活动 2　管理产品的分类

活动背景

小美团队在完成了定义产品和关键词的设置后,发现产品的分类管理设置就显得更加直观。我们可以在"店铺装修"界面上直接操作完成。

活动实施

1. 登录千牛卖家中心

进入淘宝网,登录千牛卖家中心,在左侧的菜单栏中找到"店铺管理"→"宝贝分类管理",如图 4.2.5 所示。

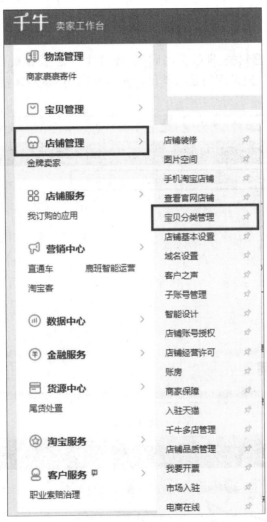

图 4.2.5

2. 产品分类

找到产品分类之后,就可以开始设置了。分类分为两种方式:手工和自动,如图 4.2.6 和图 4.2.7 所示。如果要分开设置,建议使用手工分类。

图 4.2.6

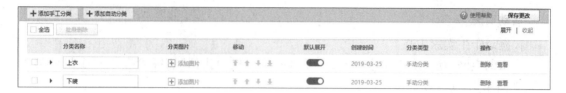

图 4.2.7

3. 选择分类

自动分类按 4 个类型归类,即按类目归类、按属性归类、按品牌归类、按时间归类,如图 4.2.8 和图 4.2.9 所示。最常用的是按类目和按时间归类,如果你做多个品牌,也可以选择按品牌分类。

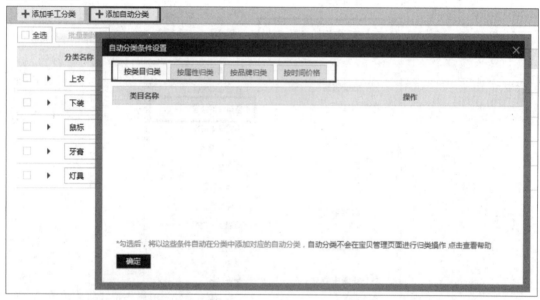

图 4.2.8

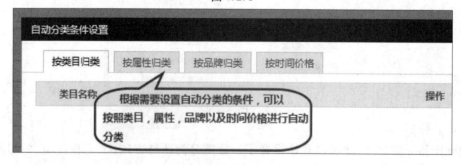

图 4.2.9

4. 设置细分分类

按图 4.2.10 设置完产品分类后,别忘了单击"确定"按钮保存。

5. 查看设置

保存之后,点开首页,分类栏就会有显示了,如图 4.2.11 所示。

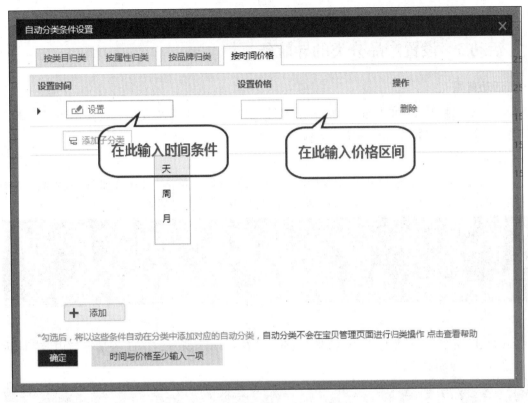

图 4.2.10

图 4.2.11

活动评价

通过对产品类目的设置,小玲团队对产品分类管理这一块有了更深刻的认识,能够灵活地对产品进行合理的分类管理,离成功又迈进了一大步。

活动3　设置产品分类的导航条

活动背景

小玲发现简单好用的导航条对于一个淘宝网站来说是非常重要的。她决定要把乏味的超链接跳转菜单功能转换成漂亮的导航条。

活动实施

(1)进入淘宝网,登录"千牛卖家中心"。在页面装修中单击"店铺管理"进入界面,在导航条上单击"编辑"按钮,如图4.2.12所示,即可打开"导航"对话框。

图4.2.12

(2)在"导航"对话框中单击"添加"按钮,如图4.2.13所示,打开"添加导航内容"对话框,单击进入编辑状态。

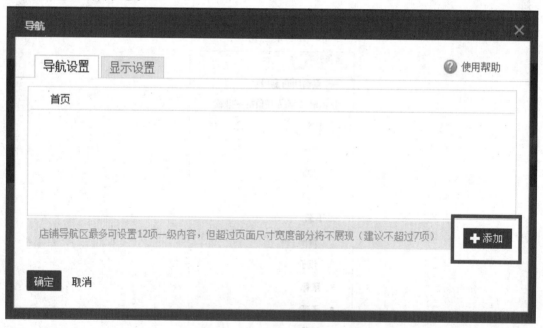

图4.2.13

(3)在弹出的对话框中勾选管理分类前的复选框,如图4.2.14所示。然后,单击"确定"按钮进行保存。保存完毕后就可以预览效果,如图4.2.15所示。

图 4.2.14

图 4.2.15

导航条除了可以设置产品分类项,还可以设置自定义页面。什么是自定义页面?自定义页面提供了个性化装修的功能,使用场景丰富多样。活动页面:热卖、上新、促销活动;店铺介绍:品牌故事、企业文化;会员专区:老顾客爱去的地方;合作招募:寻找志同道合的商业伙伴;售后活动:评价有礼、买家秀。将自定义页面添加为导航菜单或轮播图片的链接等。

在添加导航界面上选择页面,然后单击"点击创建",如图4.2.16所示。可以根据淘宝系统给出的模板进行选择设置,如图4.2.17所示。也可以设计自己的页面直接进行添加使用。

图4.2.16

还可以添加自定义链接,如图4.2.18所示。这个需要事先生成链接代码或者借用淘宝旺旺链接,然后把超链接复制粘贴在地址栏上,按"确认"键即可,如图4.2.19所示。

在编辑状态下,选择"显示设置",这样就可以直接在这个文本框中编辑CSS样式,如图4.2.20所示。

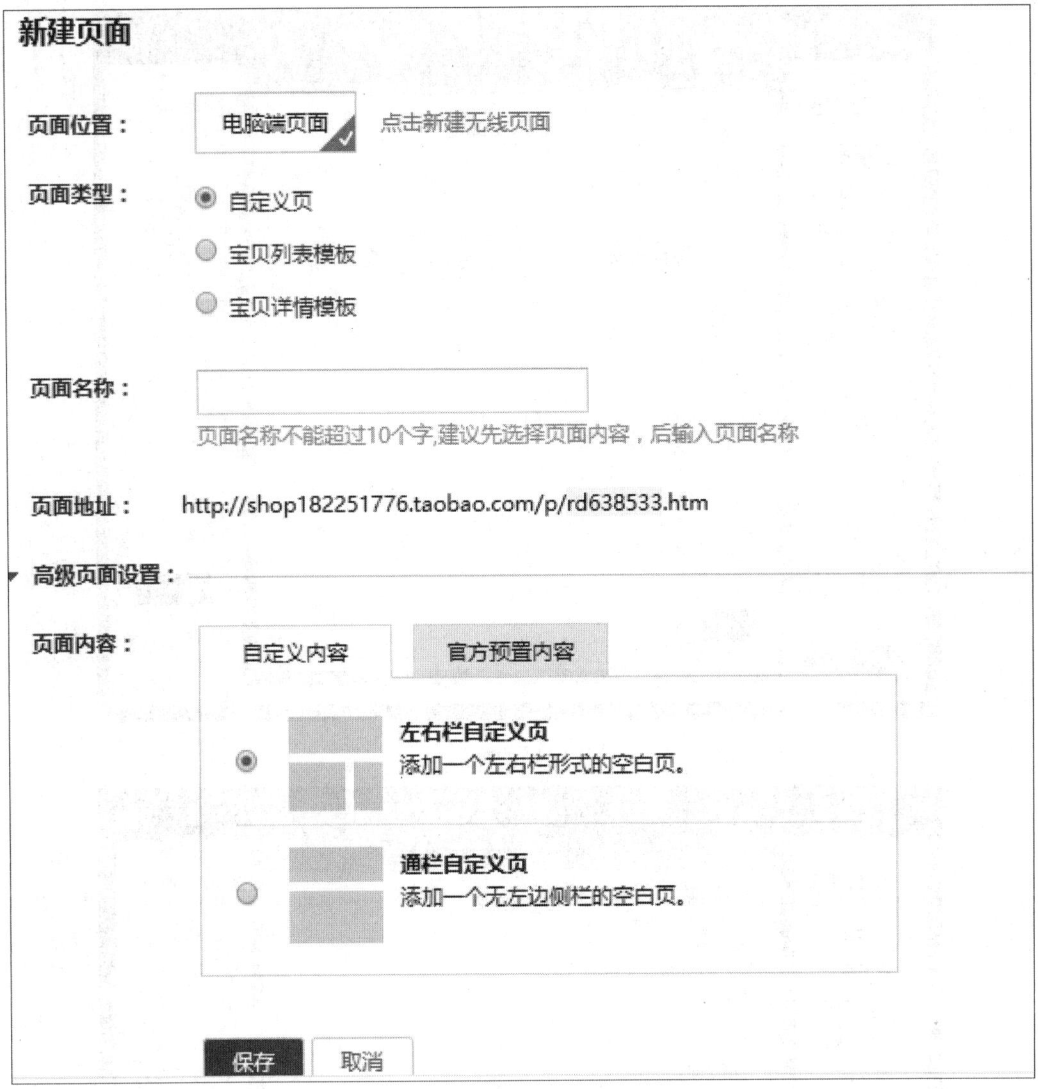

新建页面

页面位置：	电脑端页面 ✓	点击新建无线页面

页面类型：　　◉ 自定义页

　　　　　　　○ 宝贝列表模板

　　　　　　　○ 宝贝详情模板

页面名称：

页面名称不能超过10个字,建议先选择页面内容,后输入页面名称

页面地址：　http://shop182251776.taobao.com/p/rd638533.htm

▶ 高级页面设置：

页面内容：

　　自定义内容　　　官方预置内容

　　◉　**左右栏自定义页**
　　　　添加一个左右栏形式的空白页。

　　○　**通栏自定义页**
　　　　添加一个无左边侧栏的空白页。

保存　取消

图 4.2.17

知识窗

　　淘宝导航条中的分类是从分类导航中直接添加的。如果已经设置了产品的分类,那么可以直接在"添加导航内容"中进行选择。但是如果还没有设置分类导航,则要单击"添加导航内容"中的"管理分类",在打开的界面上进行商品分类导航的设置。

活动评价

　　小玲平常浏览淘宝网上的店铺,经常感慨别人家的店铺导航设置得实用得体,经过这样一个任务,原来自己也可以把店铺导航设计得如此好看。在设计部真的有太多知识需要学习了!

图 4.2.18

图 4.2.19

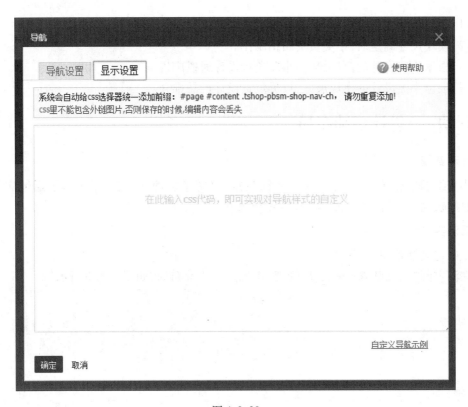

图 4.2.20

合作实训

全体组员合作,完成商品分类和导航条设置。

(1)全体组员合作,对店铺的其他商品进行定义。

(2)定义完商品后,选派两个组员设置比较容易搜索的关键词。

(3)完善后续添加的商品分类并把它们添加到导航条上。

任务 3　装修美化店铺

情境设计

高主管让小玲、小美和贝贝成立一个专门小组,小美担任组长,负责各项工作的统筹。专门小组主要任务是设计店铺首页。首先确定店铺布局,然后各成员通力合作使用图像处理软件完成首页效果图的设计制作,最后将各模块切图完成店铺装修。

任务分解

装修美化店铺是店铺日常管理工作的重点。本任务主要是对店铺进行美化装修,包括确定店铺布局、设计店招、设计通栏广告、设计产品推荐和 PC 端的设置。

收到工作任务后,小美安排了各人的工作任务:

（1）小美组织小组人员讨论，确定店铺布局。

（2）模块尺寸确定后，小美负责店招制作。

（3）根据小美设计的模块尺寸，小玲负责设计通栏广告。

（4）根据小美设计的模块尺寸，贝贝负责设计产品推介。

活动1　设计店铺布局

活动背景

小美组织成员通过淘宝网上的"店铺装修"确定了店铺布局，并且了解了店铺店招、导航、侧导航，通栏广告、产品推荐窗口等模块尺寸。

活动实施

1. 确定店铺布局

在淘宝网"店铺装修"→"布局管理"中确定好店铺布局，如图4.3.1所示。

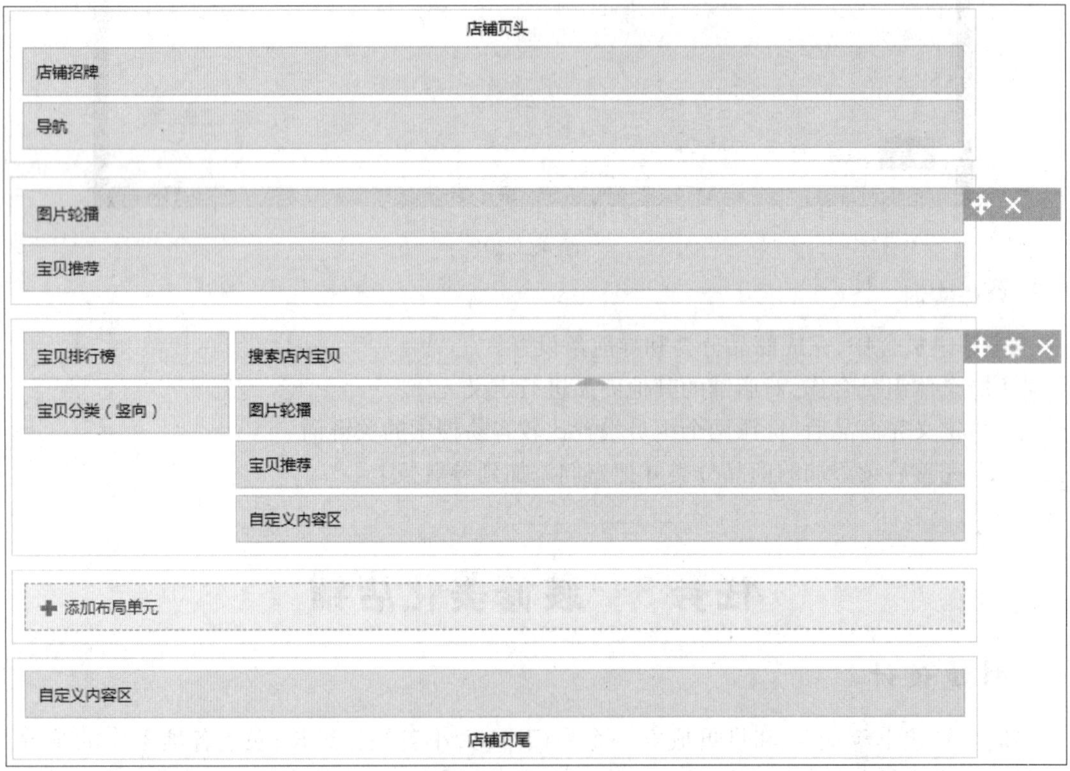

图4.3.1

2. 设置店铺首页中各模块的尺寸

淘宝店铺上设限制的模块尺寸（单位是像素），如图4.3.2所示。

现在一般的显示器分辨率是1 920像素，部分笔记本分辨率是1 366像素。如页面设置是950像素的话，像素高于950的显示器会出现空白。这样的页面不美观。所以在设置页面时，通常会将页面背景图的宽度设置成1 920像素，如图4.3.3的外虚线框区域。页面主体宽度为 950 像素,如图 4.3.3 的内虚线框是页面主体部分。

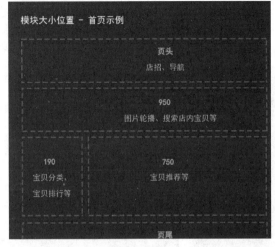

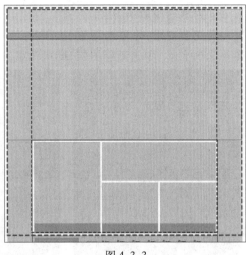

图 4.3.2　　　　　　　　　　　　图 4.3.3

3.使用 PS 软件制作网店首页"页面背景图"

(1)创建管理组。

在网店首页模块较多时,在作图过程中会建立非常多的图层,为方便对图层进行管理,可以使用组来管理图层。将同一模块的图层放置在一个组内,并给组命名。

创建管理组的操作步骤如下:

①在"图层"面板下方单击"创建新组"按钮,如图 4.3.4 所示。

②双击为组重命名,右键修改颜色,如图 4.3.5 所示。

图 4.3.4　　　　　　　　　　　　图 4.3.5

若是其他 PS 版本,可以通过右键,在组属性中修改名称和颜色。

③为组内添加新图层。

首先选中组,并单击组左边的小三角形,使三角形尖角处朝下,组处于打开状态,如图 4.3.6 所示。单击新建图层,即可为组内添加新图层,效果如图 4.3.7 所示。

图 4.3.6

图 4.3.7

图 4.3.8

④分辨组内和组外图层,如图 4.3.8 所示。图层 1、图层 2 是同一组,它们包含在背景图组中,并且它们的图层前的眼睛部分显示的颜色是相同的。组外图层与组内图层的缩略图是不对齐的。

⑤移动某一个图层至其他组中。将"图层 3"移动到"背景组"中。单击"图层 3",按住鼠标左键不放,将"图层 3"拖至"背景组"中,松开鼠标完成图层归组。

当组中的图层过多时,可以单击组左侧的小三角将组文件内的图层收起。

(2)打开前面已完成的文件"优美聚. psd",去掉白色背景,修改文字和图案为白色,合并图层并顺时针旋转 45°,效果如图 4.3.9 所示。

图 4.3.9

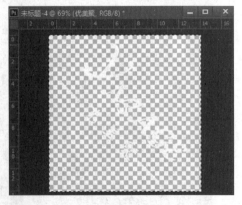

图 4.3.10

(3)按快捷键"Ctrl + A"全选图层,选择菜单"编辑"→"定义图案",将该店标定义成图案。

(4)新建 1 920 像素 × 3 500 像素白色画布,填充为灰色,如图 4.3.10 所示。

（5）双击解除背景图层的锁定，背景图层变为普通图层。打开"图层样式"对话框，选中"图案叠加"，选择刚刚定义的店标图案，设置如图4.3.11所示。为背景叠加店标水印，效果如图4.3.12所示。

（6）新建背景组，设置为红色，将背景图层移入背景组中。

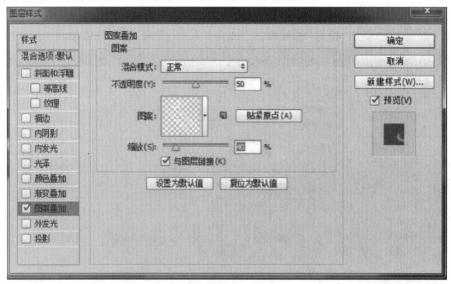

图4.3.11

图4.3.12

（7）先选择"移动工具"，按快捷键"Ctrl＋A"全选画布，按快捷键"Ctrl＋T"变化命令后画布会出现中心点，此时，拖曳出垂直、水平参考线到中心点处，如图4.3.13所示。按"Esc"键取消变形命令，建立好中心参考线。

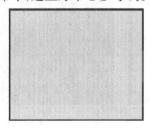

图4.3.13

图4.3.14

(8)选择形状工具组中的"矩形工具",其他选项如图 4.3.14 所示。鼠标于交叉点处单击,弹出绘制对话框,设置参数如图 4.3.15 所示,单击"确定"按钮,完成中间主区域的绘制。

图 4.3.15

(9)为矩形图层添加"投影"图层样式,如图 4.3.16 所示,最终效果如图 4.3.17 所示。

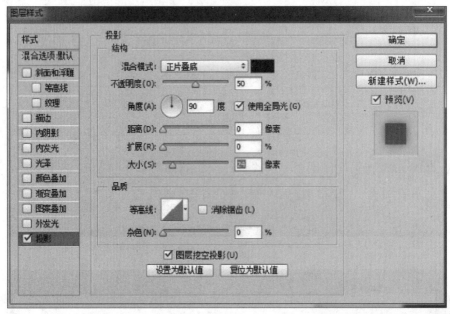

图 4.3.16

图 4.3.17   图 4.3.18

(10)最终的图层面板如图 4.3.18 所示。

4.制作店招

(1)介绍店铺招牌。

网店招牌就像实体店面的招牌,客人浏览店铺时就会因为店招记住店铺名称和销售产品。天猫店招大都趋向简洁,主要包括店铺名称和一些店铺服务特色。

店招大小是 950 像素×120 像素(不包括导航栏)。制作时宽度一般设置为 1 920 像素,中间主体区域宽度为 950 像素。

(2)使用 PS.CC 版制作店招。

①新建画布,设置大小为 1 920 像素×120 像素,拉出两条垂直参考线,确定中间区域大小为 950 像素,如图 4.3.19 所示。

图 4.3.19

②导入店标,调整位置和大小。

③使用文字工具分别输入"佳美、Ymage®、旗下女装品牌"文字,调整位置及大小如图 4.3.20 所示。

图 4.3.20

图 4.3.21

④使用圆角矩形工具绘制三个圆角矩形并填充不同的颜色,然后使用自定义工具绘制出如图 4.3.21 的形状,分别输入文字"如实描述""品质保证""星级服务",效果如图 4.3.21 所示。

⑤使用直线工具绘制线段,输入文字"收藏有礼、BOOKMARK",颜色均为(#b00000)。

输入"藏"（b00000），并复制一个图层。调整两个字的大小、不透明度和位置。店招最终效果如图4.3.22所示。

图 4.3.22

5. 制作导航条

（1）调整画布大小，选择"相对"，高度设置为30像素，定位向下扩展，设置如图4.3.23所示。

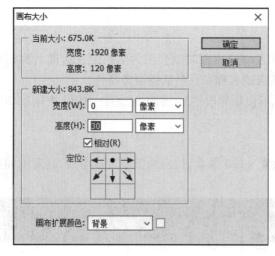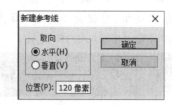

图 4.3.23　　　　　　　　　　图 4.3.24

（2）选择"视图"→"新建参考线"，设置取向为"水平"，位置为"120像素"，如图4.3.24所示。

（3）使用"矩形工具"，绘制出一个宽度为1 920像素，高度为30像素的矩形，并设置颜色为（#431c1d），然后使用直线工具，绘制8条宽度为2像素白色的竖线段，将导航条分隔成若干段，在导航条上输入文字完成导航条制作，最终效果如图4.3.25所示。

图 4.3.25

6. 确定通栏广告及产品推荐窗口等窗口布局

通栏广告及产品推荐窗口等窗口布局最终效果如图4.3.26所示，各个模块的具体数据见表4.3.1。

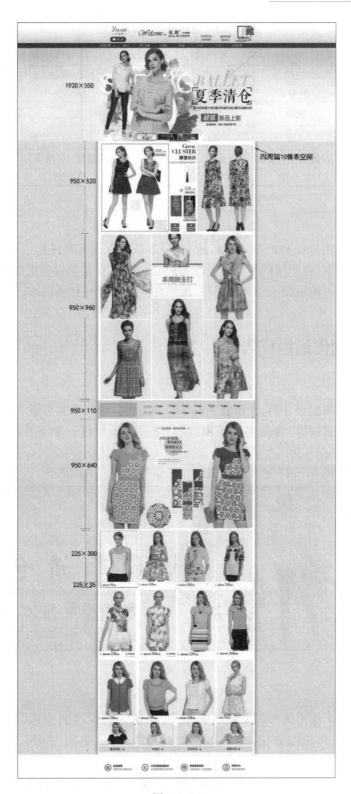

图 4.3.26

表 4.3.1　店铺首页各模块尺寸

尺寸	栏目					产品推荐	
	通栏海报	特色产品推介1	特色产品推介2	客户服务窗口	特色产品推介3	产品照片	产品文字介绍
宽度/像素	1 920	950	950	950	950	225	225
高度/像素	550	520	960	110	640	300	35
备注		四周留10像素的空隙	四周留10像素的空隙		四周留10像素的空隙	间隔10像素	

活动评价

小玲第一次使用 PS 的 CC 版本,CC 版本与 CS 版本在面板和操作上有不少变化。刚开始时小玲有些不适应,在师傅的帮助下慢慢适应,她发现 CC 版的操作更加便捷和人性化,这还是小玲第一次学习使用图层组管理图层,虽然建立组管理时有些耗时,但对于后期管理和修改非常方便。

活动2　制作通栏广告

活动背景

小美确定各模块的尺寸后,开始着手制作店铺通栏广告。小美告诉小玲,通栏广告是指广告宽度铺满整个页面,广告的高度不限,但高度最好不超过一个屏幕的宽度。小玲使用 PS 的 CC 版来完成。

小美将示范如图 4.3.27 所示的广告制作来指导小玲广告的制作。

图 4.3.27

活动实施

(1)新建 1 920 像素 × 550 像素的画布,背景填充为线性渐变色(#faccd2 - #ffffff - #faccd2)。使用前面介绍的方法,为画布添加参考线,确定中间为 950 像素的区域,如图 4.3.28 所示。

(2)打开该任务素材文件夹下选择"花纹"素材图,拖曳到背景中,调整好位置如图 4.3.29 所示。

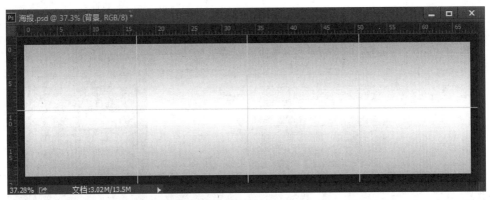

图4.3.28

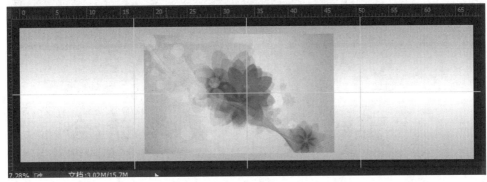

图4.3.29

（3）修改花纹图层混合模式为"正片叠底"如图4.3.30所示，调整花纹的色阶，参数和效果如图4.3.31所示。

图4.3.30

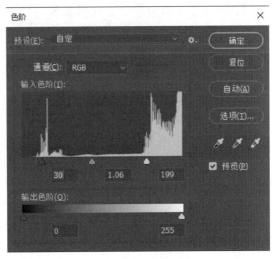

图4.3.31

（4）使用橡皮擦工具将周围的灰色擦除，复制一个图层，调整位置和大小，通过色阶调整花纹的颜色，最终效果如图4.3.32所示。到此，海报完成了底图的制作。接下来将要进行文字排版设计。

（5）使用椭圆工具绘制白色的圆形，设置图层透明度为75%，如图4.3.33所示。

图4.3.32

图4.3.33

（6）使用文字工具分图层输入如图4.3.34所示的文字，对文字进行排版。

图4.3.34

（7）使用形状工具分别绘制两个直角和矩形，调整图层位置，最终效果如图4.3.35所示。

（8）打开素材"模特1.jpg"，抠出模特人物置入海报中。在此选中通道抠取人物头发，配合钢笔工具抠出人物的其他部分。主要操作步骤如下：

①打开图片的通道，选择头发与背景反差最大的通道，如图4.3.36所示。将选择蓝色通道。复制蓝色通道，如图4.3.37所示。

图 4.3.35

图 4.3.36

图 4.3.37

②使用"色阶"命令,编辑复制的蓝色通道,进一步让头发与背景反差增大,如图 4.3.38 所示。参数设置如图 4.3.39 所示。

图 4.3.38

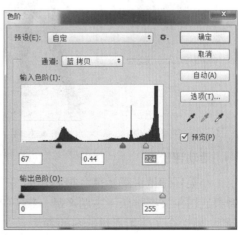

图 4.3.39

③可以使用加深/减淡工具和画笔工具进一步使头发与背景反差增大。但注意要保留头发边缘的细节处。

④使用菜单"图像"→"调整"→"反相"命令将头部变成白色,如图 4.3.40 所示。

⑤如图 4.3.41 所示,单击通道面板下方"将通道作为选区载入"的按钮,建立选区如图 4.3.42 所示,复制选区中的图像,粘贴到新图层。

⑥使用钢笔工具路径选项,创建如图 4.3.43 所示的路径,将路径创建成选区,同样复制选区图像到新图层,如图 4.3.44 所示。

⑦合并图层如图 4.3.45 所示,将模特置入海报中,调整大小和位置。

⑧打开该任务素材文件夹下选择"模特 2.jpg"。参照步骤①—⑦完成模特 2 的抠图。

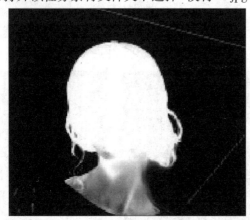

图 4.3.40　　　　　　　　　　　　　图 4.3.41

图 4.3.42　　　　图 4.3.43　　　　图 4.3.44　　　　图 4.3.45

活动评价

小美仔细地讲解示范海报制作的每个步骤,并且告诉小玲,这类海报主要包括三部分:海报底图＋文字排版＋主题产品。接下来小玲自己尝试设计并完成了第二幅广告。在此活动中,她学会了使用通道抠图的方法。

活动 3　设计商品展示模板

活动背景

小美制作海报的同时,小玲开始着手设计特色产品推介。特色产品推介类似于实体店中的模特展示,是将店中某些产品通过橱窗或者模特展示重点推介给客户。每个特色产品推介只针对某一件特定产品进行设计,重点展示产品的亮点。

活动实施

1. 常见的产品推荐设计方式

(1)模特展示 + 产品细节,如图 4.3.46 和图 4.3.47 所示。

(2)模特展示 + 衣服整体,如图 4.3.48 和图 4.3.49 所示。

(3)系列衣服展示 + 搭配饰品,如图 4.3.50 和图 4.3.51 所示。

图 4.3.46　　　　　　　　　　　　图 4.3.47

图 4.3.48　　　　　　　　　　　　图 4.3.49

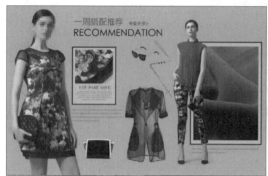

图 4.3.50   图 4.3.51

2. 制作产品推荐(见图 4.3.52)

图 4.3.52

制作具体步骤如下:

(1)新建 950 像素 ×640 像素的白色画布。

(2)参照前面介绍的方法在画布中心处创建水平和垂直的参考线,如图 4.3.53 所示。

图 4.3.53   图 4.3.54

(3)选择矩形工具,在参考线的交点处单击,弹出"创建矩形"对话框中设置如图 4.3.54 所示,在画布中间创建灰色(#e8e7f7)矩形。

(4)参照海报制作的步骤①至步骤⑧,完成模特 1 和模特 2 的抠图,将抠出的两个模特移到背景中,调整好位置和大小,如图 4.3.55 所示。

图 4.3.55

图 4.3.56

（5）绘制灰色（#e8e7f7）矩形，使用图层样式为其添加白色的边，效果如图4.3.56所示。

（6）陆续绘制1个黑色圆形和3个黑色矩形，如图4.3.57所示。

图 4.3.57

图 4.3.58

图 4.3.59

（7）复制模特图层，在黑色圆形图层上方，选中模特图层，单击右键创建"剪贴图层"，图层面板如图4.3.58所示，调整大小和位置，效果如图4.3.59所示。

（8）用同样方法完成3个矩形的创建。

（9）输入如图4.3.60的文字并排版，添加黄色圆形装饰，最终效果

图 4.3.60

图 4.3.61

3.首页效果图

各模块基本完成，接下来小美将做模块整合，制作出完整的首页效果图，如图4.3.62所示。

首页效果图完成后，通过切图将页面背景、店招、广告、3个特色产品推荐、16个推荐的产品切成一张张图片待用。

图 4.3.62

活动评价

在此活动完成后,小玲终于清楚了装修店铺首页的流程。首先确定各模块的布局,然后通过图像处理软件按照规定的模块尺寸完成效果图的制作,最后切图分模块后给系统各部分调用。在产品推荐设计中,小玲熟悉了 PS 中创建剪贴蒙版的应用。

合作实训

(1)新建 1 920 像素 ×150 像素的画布,完成如图 4.3.63 所示店招的制作。

要求两人合作,甲负责图形处理,乙负责文字编排。

(2)新建 1 920 像素 ×150 像素的画布,完成如图 4.3.64 店招的制作。

图 4.3.63

要求两人合作,甲负责图形处理,乙负责文字编排。

图 4.3.64

(3)新建 1 920 像素 × 550 像素的画布,完成如图 4.3.65 海报的制作。

要求小组合作(2~3 人),甲负责底图设计,乙负责模特抠图,丙负责文字设计。

图 4.3.65

(4)新建 1 920 像素 × 550 像素的画布,完成如图 4.3.66 海报的制作。要求两人合作,甲负责制作底图制作,乙负责图形和文字设计。

图 4.3.66

（5）新建 950 像素×580 像素的画布,完成如图 4.3.67 产品推荐的制作。要求两人合作,甲负责产品抠图处理,乙负责排版。

图 4.3.67

（6）新建 950 像素×600 像素的画布,完成如图 4.3.68 产品推荐的制作。要求两人合作,甲负责产品抠图处理,乙负责排版设计。

图 4.3.68

活动4　装修无线端店铺

活动背景

在 PC 端淘宝店铺装修完后,高主管发现淘宝网中超过三分之二的流量都是来自无线端,想要在淘宝中获得长远的发展,想要抢占流量高地,开通无线端店铺必不可少!因此在例会上,高主管再次把这项重任交予小美的团队。

活动实施

1.装修无线端页面

与 PC 端营销相比,无线端营销更注重顾客的体验。所以无论是页面的装修还是在整体布局与排版上都比 PC 端更加严格。但并不是装修得越绚丽多彩越好,而是越简单大气越好。

①登录淘宝,进入"千牛卖家中心"→"店铺管理"→"手机淘宝店铺",如图 4.3.69 所示。

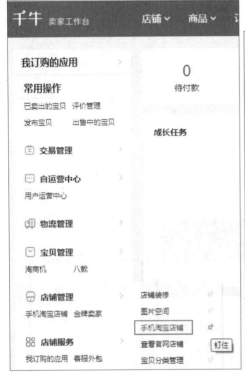

图 4.3.69　　　　　　　　　　　　　　　　　图 4.3.70

在手机淘宝店铺的界面里包括了"无线店铺""码上淘"和"无线开放平台"三大板块,如图 4.3.70 所示。单击"无线店铺"→"立即装修"按钮,便进入无线端装修界面了,如图 4.3.71所示。

图 4.3.71

②在打开的无线装修界面上单击"装修页面"按钮,就可以设置无线端页面了,如图 4.3.72 所示。无线端的预览界面就是模拟我们手机的实时界面。

③界面左侧是模块选择区,中间为预览区,右侧是模块编辑操作区,如图 4.3.73 所示。我们可以通过选中拖动的方式来选择相应的模块。比如,需要在店铺上显示"智能双列",可以选中左侧栏的"智能双列",然后把它拖到中间的手机预览界面上,右侧就会自动弹出编辑

操作区了,模块间可以通过上下箭头来调整位置。

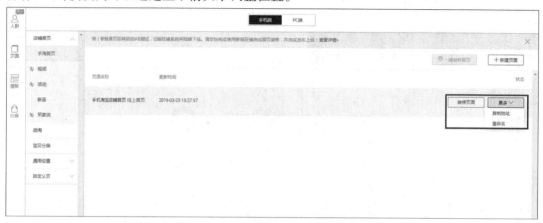

图 4.3.72

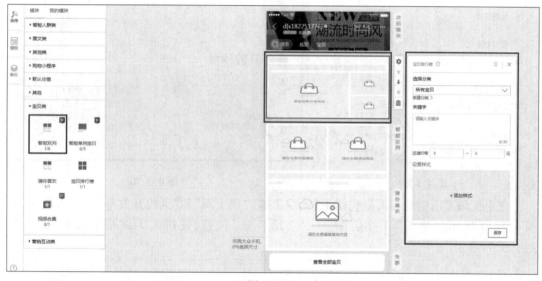

图 4.3.73

④淘宝系统会提供官方模块,如果适合,可以直接单击"应用",如图 4.3.74 所示。

2. 设置无线端店铺的店标

无线端店铺店标的制作方法与 PC 端一样,不同就在于两者的显示尺寸。根据淘宝无线端对店招的要求,下面制作一个尺寸为 750 像素×580 像素的店招,如图 4.3.75 所示。

具体操作步骤如下:

(1)新建宽度为 750 像素、高度为 580 像素的画布。

(2)打开该任务素材文件夹下选择"女鞋"素材,调整好图片的大小和位置,如图 4.3.76 所示。

(3)用文字工具分别输入"NEW""2021""新品发布""潮流时尚风""FASHION WOMEN'S CLOTHING",并分别对文字的字体、大小、颜色和版面进行设置,如图 4.3.77 所示。

图 4.3.74

图 4.3.75

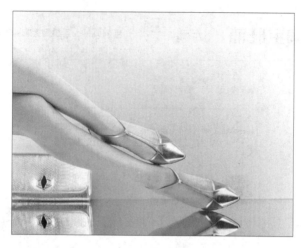

图 4.3.76

图 4.3.77

（4）用矩形工具绘制一个矩形并填充红色，按快捷键"Ctrl + T"对形状进行调整，将其放在文字图层下方，并将"新品发布"文字设置为白色，如图 4.3.78 所示。

（5）用同样的方法在下方绘制一个矩形并对形状进行调整，输入文字"全场低至 5 折起"，单独将"5"的字体放大并设置为黄色，以突出折扣价的优惠力度，如图 4.3.79 所示。

图 4.3.78

图 4.3.79

（6）打开无线端店铺装修界面进行店招的上传，点击店招模块如图 4.3.80 所示，选择添加图片如图 4.3.81 所示。

图 4.3.80

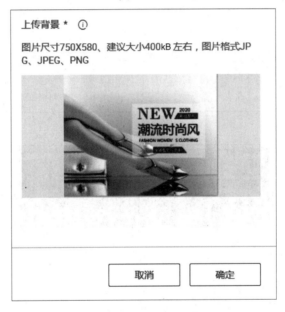

图 4.3.81

上传完成的店招如图 4.3.82 所示。

图片上传完毕,还可以为图片添加水印或者调整图片的尺寸,如图 4.3.83 所示。

(7)单击"确定"按钮,店招的上传就完成了,效果如图 4.3.84 所示。

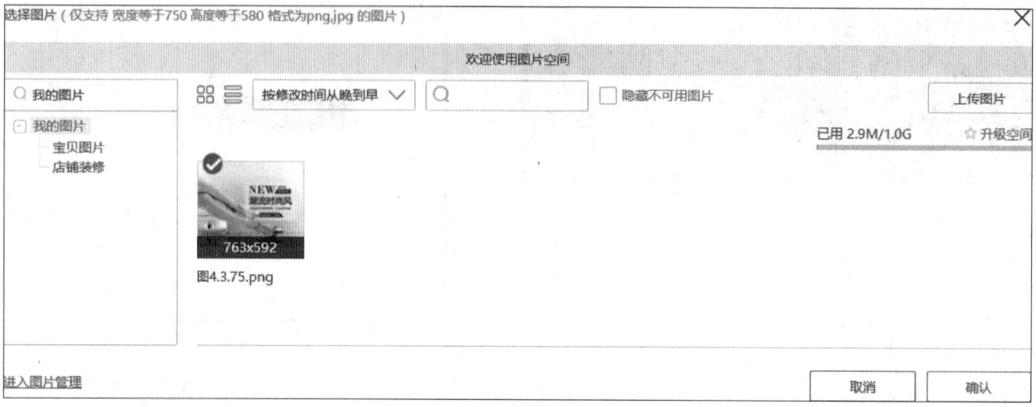

选择图片（仅支持 宽度等于750 高度等于580 格式为png,jpg 的图片）　　　　　　　✕

欢迎使用图片空间

🔍 我的图片　　　　⊞ ☰　按修改时间从晚到早 ⌄　🔍　　　　□ 隐藏不可用图片　　　　　上传图片

□ 我的图片　　　　　　　　　　　　　　　　　　　　　　　　　　　　　已用 2.9M/1.0G　　☆升级空间
　　宝贝图片
　　店铺装修　　　　NEW
　　　　　　　　　潮流时尚风

　　　　　　　　763x592

　　　　　　　图4.3.75.png

进入图片管理　　　　　　　　　　　　　　　　　　　　　　　　　取消　　　　确认

图 4.3.82

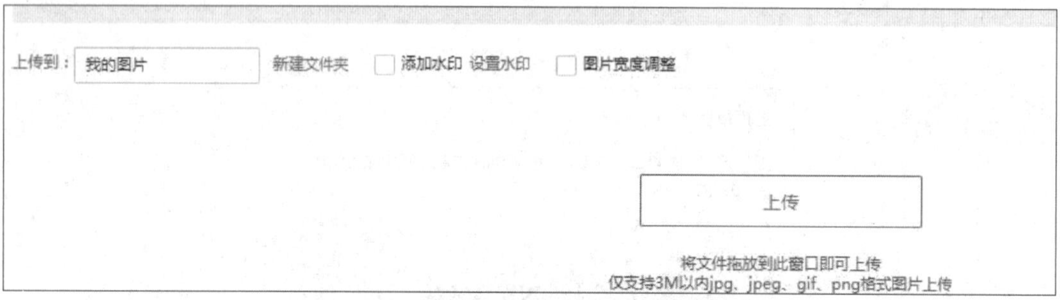

上传到：我的图片　　　新建文件夹　□ 添加水印 设置水印　□ 图片宽度调整

　　　　　　　　　　　　　　　　　　　　　　　上传

　　　　　　　　　　　　　　　　　　将文件拖放到此窗口即可上传
　　　　　　　　　　　　　　仅支持3M以内jpg、jpeg、gif、png格式图片上传

图 4.3.83

图 4.3.84

活动评价

本活动小玲学会了如何装修无线端店铺、制作手机店铺的店招，对网店的装修又有了新的认识。

合作实训

经过本活动的学习,为了加深记忆、加强实训技巧,请完成下面的实训。

(1)新建画布,完成如图 4.3.85 无线端店铺店招的制作。要求两人合作,甲负责图案设计,乙负责文字设计。

图 4.3.85

(2)制作图 4.3.86 的无线端店铺店招。要求两人合作,甲负责图案设计,乙负责文字设计。

图 4.3.86

任务 4 设计商品描述模板

情境设计

周一部门例会上,高主管对上周小美带领的三人团队的表现给予了高度的评价,特别是小美在统筹分配各项工作时的表现。于是再次交给这个三人团队下一项工作任务:设计出与店铺装修风格相匹配的商品描述模板。高主管希望小美的三人团队再接再厉,尽量定下设计稿。

接到任务后小美立即组织讨论商品描述要包括哪几个模块,落实设计负责人等工作。

任务分解

在小美的组织下,讨论确定模板主要包括商品呈现、商品信息、设计卖点、模特展示、细节展示五部分。商品描述的页面宽度是 750 像素,高度不限。

结合《网店运营推广职业技能等级标准》(初级)的详情页设计与制作知识单元,针对商品图片设计的营销要点、商品详情页的作用、商品详情页构成要素、商品详情页文案的作用、商品详情描述的设计流程等进行讲解和演示。

活动1　设计"商品呈现"

活动背景

商品描述包括模块确定下来后,小美立即着手设计模块分隔栏和商品呈现。商品呈现除了展示商品的正面外,还将商品亮点展现出来。小美设计的"商品呈现"效果图如图4.4.1所示。

图4.4.1

活动实施

具体操作步骤如下:

1. 新建画布

新建750像素×840像素的画布,背景填充为灰色(#e9e9f5)。

2. 制作模块分隔栏

(1)使用矩形工具创建深灰色(#424242)的750像素×50像素的矩形。

(2)输入文字"商品呈现",字体为"微软雅黑",大小为"20"点。

(3)使用椭圆工具,绘制白色小圆。

(4)选择"自定义工具"→"形状工具"中的三角形,在白色圆上绘制小三角形,最终效果如图4.4.2所示。

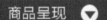

图4.4.2

3.制作"商品呈现"

（1）打开素材文件（任务4→活动1设计"商品呈现"）中的素材1,移动到背景中,调整大小和位置。

（2）选择橡皮擦工具,设置硬度为0,流量为60%,将素材背景中的花灯去掉,让人物与背景融合,效果如图4.4.3所示。

图 4.4.3

（3）在（1）导入的素材1中绘制矩形,填充设置为0,设置图层样式的描边参数如图4.4.4所示。

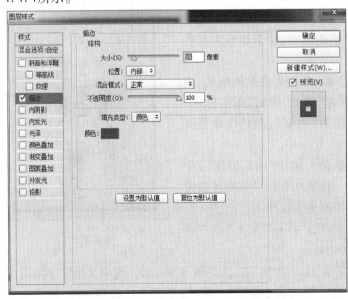

图 4.4.4　　　　　　　　　　　　　　　图 4.4.5

（4）在画布中间位置输入英文"Fashion"，黑色，字体为"Vladimir Script"，大小为"198点"，透明度为15%。

（5）在画布左上角和左下角输入文字，调整文字大小和位置，如图4.4.5和图4.4.6所示。

（6）使用自定义形状工具绘制如图4.4.7所示的图形（#a8b36e），输入文字，调整位置。

图4.4.6　　　　　　　　　　图4.4.7

活动评价

此次活动让小玲了解了商品描述一般所包含的内容，还掌握了商品呈现的一般思路。

活动2　设计"商品信息"和"设计卖点"

活动背景

小美完成分隔栏的制作，接下来让每个模块都采用此分隔栏。小明在征求大家的意见后，确定商品信息主要包括基本信息、指数参考、洗涤说明、尺码表四部分。

活动实施

1. 设计"商品信息"

（1）新建750像素×2 950像素的画布，背景填充为灰色（#e9e9f5）。

（2）使用矩形工具绘制680像素×1 457像素的矩形，在图层面板中单击"fx"图标添加"描边"样式，弹出"图层样式"对话框，设置大小为"6"像素，位置为"内部"，颜色设置为深灰色（#716a6a）。

（3）打开素材文件（任务4→活动1设计"商品呈现"）中的素材6，将素材拖动到背景图中，创建为矩形图层的剪贴蒙版，调整其大小和位置，最终效果如图4.4.8所示。

图4.4.8

（4）使用矩形工具绘制矩形，使用文字工具输入"基本信息"，大小为"12点"，颜色为"#716a6a"。

（5）输入"商品名称"等五行文字，大小为"8点"，如图4.4.9所示。选中5个文字图层后的"选择移动工具"，使用选项栏中的"垂直居中分布""左对齐"将5行文字对齐，最终效果如图4.4.10所示。

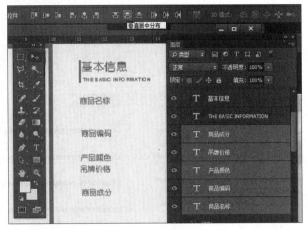

图 4.4.9　　　　　　　　　　　　　　　图 4.4.10

（6）绘制虚线段，选择直线工具，选项栏设置如图 4.4.11 所示，按住"Shift"键，绘制虚直线，如图 4.4.12 所示。

图 4.4.11

商品名称：　纷丽连衣裙
————————————————————————————

图 4.4.12

（7）绘制指数参考矩形阵。

①绘制 70 像素 ×8 像素的灰色（#b9b9b9）矩形。

②复制矩形图层，如图 4.4.13 所示，选中复制图层，按快捷键"Ctrl + T"，使用键盘的上下箭头移动矩形到合适位置，同时再按组合键"Ctrl + Shift + Alt + T"两次，重复复制移动操作，效果如图 4.4.14 所示。

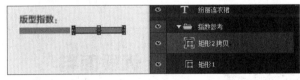
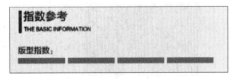

图 4.4.13　　　　　　　　　　　　图 4.4.14

③如图 4.4.15 所示，选中右键，将矩形合并在一个图层。

④重复第③步，复制图层，按快捷键"Ctrl + T"，移动，再按组合键"Ctrl + Shift + Alt + T"重复复制移动操作，最终效果如图 4.4.16 所示。

⑤将所有矩形合并形状到同一个图层。使用路径选择工具，选中需要改变颜色的矩形，如图 4.4.17 所示。右键创建选区。新建一个普通图层，填充为深灰色。

图 4.4.15

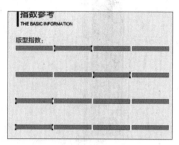

图 4.4.16　　　　　　图 4.4.17

图 4.4.18

（8）排版文字，如图 4.4.18 所示。

（9）打开素材文件（任务 4→活动设计"商品呈现"）中的尺寸说明素材，将其移动到背景中。选中表格中的白色区域，使用替换颜色修改选区颜色使其接近背景色。

2. 设计"设计卖点"

（1）复制分隔栏，修改文字。

（2）使用矩形工具绘制 160 像素 × 100 像素深灰色（#424242）矩形。

（3）复制矩形，选中下一层的矩形，修改颜色（#d1d1e2）并按下快捷键"Ctrl + T"，斜切，制作背景，效果如图 4.4.19 所示。

（4）绘制竖线，输入文字，效果如图 4.4.20 所示。

图 4.4.19　　　　　　　　　图 4.4.20

（5）打开素材文件（任务 4→活动 1 设计"商品呈现"）中的素材 12，拖动到背景中，调整好位置和大小，在图层面板中单击"fx"图标添加"描边"样式，弹出"图层样式"对话框，设置大小为"10"像素，位置为"内部"，颜色设置为深灰色（#716a6a），如图 4.4.21 所示。

（6）在图形的左边绘制白色矩形，设置透明度为 60%。在矩形中间绘制黑色横线。

（7）添加如图 4.4.22 所示文字并排版。

（8）如图 4.4.23 所示，选择自定义工具组中的"选中复选框"，并绘制 3 个。

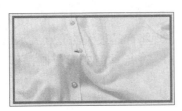

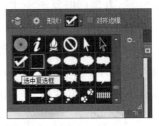

图 4.4.21　　　　　　　　图 4.4.22　　　　　　　　图 4.4.23

（9）绘制圆形，如图 4.4.24 所示，图层面板设置填充为 0%。使用图层样式描边，参数是：大小为"6 个像素"，"内部"，"白色"。

（10）选择自定义形状工具中"叶子"，在圆环中绘制，并输入文字"柔软"，效果如图 4.4.25 所示。

（11）按照类似的方法完成其他圆环的绘制，最终效果如图 4.4.26 所示。

图 4.4.24　　　　　　　　　　　　　图 4.4.25

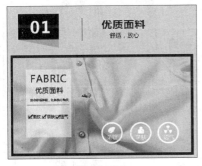

图 4.4.26　　　　　　　　　　　　　图 4.4.27

（12）按照类似的方法完成如图 4.4.27 亮点 2、图 4.4.28 亮点 3 的制作。

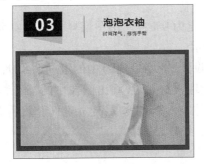

图 4.4.28　　　　　　　　　　　　　图 4.4.29

在制作过程中,由于图层较多,有不少雷同的地方,建议使用如图 4.4.29 所示的图层组进行管理,方便同时复制多个图层、查找和修改。

活动评价

通过本次活动,小玲知道"卖点设计"要根据消费者的心理将产品最大的亮点展示出来。另外在使用 PS 排版技巧上,按组合键"Ctrl + Shift + Alt + T"进行重复变形复制操作。对 Photoshop 的图层组管理的应用有了进一步的体会。

活动 3　设计"模特展示"和"细节展示"

活动背景

小红本次主要负责模特和细节展示两个部分。小红认为模特展示是要让买家展示衣服上身效果。如果素材允许,应该要将衣服从不同角度都展示出来,细节部分需要将衣服局部放大展现出来。

活动实施

1. 设计"模特展示"

(1)沿用前面的画布大小,背景色,分隔栏。

(2)打开素材文件(任务 4→活动 1 设计"商品呈现")中的素材 3,拖动到背景中,调整合适大小和位置。设置 1 个像素的黑色描边,如图 4.4.30 所示。

图 4.4.30　　　　　　　图 4.4.31　　　　　　　图 4.4.32

(3)在图像下方输入灰色文字(#555555)"FASHIONABLE SUMMER",大小为"36 点",图层透明度为 50%。

(4)使用矩形工具绘制矩形,设置图层填充为 0%,使用图层样式描边(#585858)。在方框中输入"正面"文字,效果如图 4.4.31 所示。

(5)分别打开素材文件(任务 4→活动 1 设计"商品呈现")中的素材 5、8、9,使用相同的方法完成正面 2、侧面和背景展示的制作。处理素材 8 时,画出图像中的红花,如图 4.4.32 所示。将素材拖到背景后,按住"Ctrl"键单击素材 8 所在图层,建立选区。然后选择画笔,设置与背景相似颜色(多次选择),其他选项如图 4.4.33 所示。

2. 设计"细节展示"

(1)复制分隔栏,移动位置,修改文字。

（2）输入深灰色（#424242）"01"文字，大小为"35"点。

（3）使用直线工具在"01"右边绘制 3 像素，45°倾斜的线段，如图 4.4.34 所示。

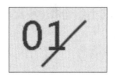

图 4.4.33　　　　　　　　　　　　　　　　　　　图 4.4.34

（4）将文字图层栅格化，使用多边形套索工具，选中右下角，删除。输入文字，最终效果如图 4.4.35 所示。

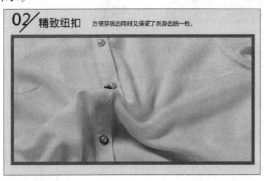

图 4.4.35　　　　　　　　　　　　　　　　　　　图 4.4.36

（5）打开（任务 4→活动 1 设计"商品呈现"）中的素材 13，调整位置和大小，添加描边。最终效果如图 4.4.36 所示。

（6）按照类似的操作方法，完成细节 2、3 的制作，最终效果如图 4.4.37 和如图 4.4.38 所示。

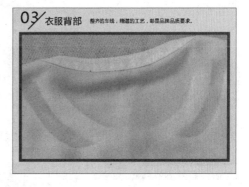

图 4.4.37　　　　　　　　　　　　　　　　　　　图 4.4.38

新建 750 像素×9 000 像素的画布，背景填充为浅灰色（#e9e9f5）。将前面几部分合成在一个画布当中则完成了商品描述效果图。

在实际操作当中，商品描述需要切成若干部分图片上传，提高浏览时页面的打开速度。

活动评价

这个活动结束后，小玲完整地学习了商品描述的制作。在此过程的学习中，小玲的图像处理技能基本过关，但还需要提升文字描述能力。只有图文并茂才能完整地展示商品。

合作实训

参照图 4.4.39—图 4.4.41 所示效果,完成素材给定的手持蒸汽熨的商品描述。

要求小组合作(小组人员不超过 6 人),组长负责统筹安排活动,每位组员负责一个模块的制作。

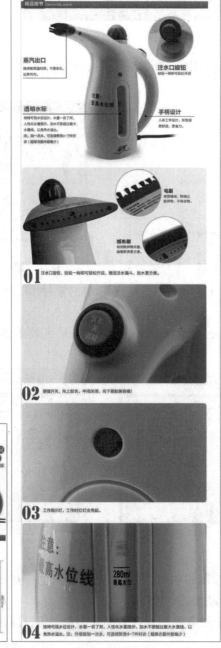

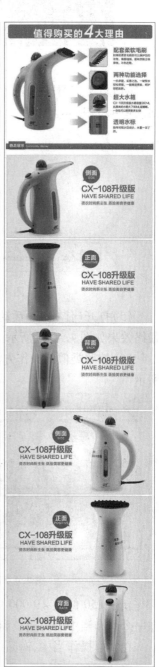

图 4.4.39　　　　　　　　　　　图 4.4.40　　　　　　　　　　　图 4.4.41

项目小结

本项目主要介绍了网店装修的相关内容,包括了店标、店招、广告、产品推荐、商品描述等内容。网店装修当中的每个模块是相关联的,而网店装修涉及的工作量较大,需要多人合作完成。首先需要前提的统筹规划,确定装修的风格,可以先使用图像处理工具将整体设计制作,然后使用切图软件切图转成网页格式。另外,在装修前必须先了解所应用平台的尺寸要求。

网店装修说到底也是图像制作,存在流行趋势,不同时期流行的设计元素会有所不同,大家可以参照相关资料捕捉好流行趋势。

项目检测

1. 单选题

(1)淘宝店中店招的高度是(包括导航条)?(　　　)

　A. 120 px　　　　　　B. 150px　　　　　　C. 950px　　　　　　D. 80px

(2)手机淘宝店中店招的高度是(包括导航条)?(　　　)

　A. 120px　　　　　　B. 200px　　　　　　C. 950px　　　　　　D. 80px

(3)以下哪个不是淘宝产品可以使用的尺寸?(　　　)

　A. 310px　　　　　　B. 250px　　　　　　C. 180px　　　　　　D. 80px

(4)以下哪种图片格式不是淘宝店铺使用的图片格式?(　　　)

　A. JPG/PNG　　　　B. GIF/JPG　　　　C. TIF/JPG　　　　D. PNG/GIF

(5)以下哪个软件可以用来处理像素图像?(　　　)

　A. Photoshop　　　　B. Word　　　　　　C. CoreDRAW　　　　D. AI

(6)图像的最小组成单位是(　　　)。

　A. 二个像素　　　B. 二分之一个像素　C. 四分之一个像素　D. 一个像素

(7)下列哪种存储格式能够保留图层信息?(　　　)

　A. BMP　　　　　　B. EPS　　　　　　C. JFPG　　　　　　D. PSD

(8)海报的最主要功能是(　　　)。

　A. 突出企业形象　　B. 信息传达　　　　C. 美化版面设计　　　D. 树立企业形象

2. 多选题

(1)商品描述主要包括以下哪些模块?(　　　)

　A. 商品展示　　　B. 商品亮点　　　　C. 商品细节　　　　D. 详细信息

(2)以下哪些是淘宝店铺装修时可以选择的模块?(　　　)

　A. 产品推荐　　　B. 产品排行　　　　C. 店铺活动　　　　D. 图片轮播

(3)为了使照片不会因单调、呆板而显得过于平淡,我们可以采取什么方法?(　　　)

　A. 利用环境和饰品营造出商品使用的意境

　B. 让光线有明暗对比

　C. 带上点近景,或者保留一点颜色比较淡的远景,以增强立体感,表现出丰富的拍

摄层次

D. 画面色彩的变幻和明暗跳跃

(4)产品分类的基本原则是(　　)。

A. 新品和特价尽量靠前　　　　　　B. 不要出现无产品的分类

C. 充分考虑产品属性　　　　　　　D. 受众的浏览习惯

(5)产品描述的规范流程有哪些?(　　)

A. 写产品描述的文案　　　　　　　B. 制作产品描述模板

C. 切片　　　　　　　　　　　　　D. 产品上架

(6)网店标志包含的基本元素有(　　)。

A. 中/英文店铺名称　　　　　　　　B. 符合店铺定位的形式表现

C. 执行标准　　　　　　　　　　　D. 品牌广告语

3. 判断题

(1)淘宝店规定页面店招宽度是 950 像素,上传店招时设计图片的宽度不能超过 950 像素。　　　　　　　　　　　　　　　　　　　　　　　　　　　　　　　(　　)

(2)使用图像处理软件完成首页设计后,整个图像直接上传即可完成淘宝店首页的制作。　　　　　　　　　　　　　　　　　　　　　　　　　　　　　　　　(　　)

(3)店标一旦确定下来,就不应随意改动。因为店标是最具有信息传达功能的视觉元素。长期使用固定店标有利于店铺的宣传,加深客户对店铺的印象。　　　　(　　)

(4)在商品详情页的规则中,整个详情页图片不宜超过 30 张,单张图片大小不宜超过 500 kB。　　　　　　　　　　　　　　　　　　　　　　　　　　　　　　(　　)

(5)未来用户足不出户,即可买到适合自己身材的衣服鞋帽。　　　　　　(　　)

(6)产品主图可以长方形,也可以是圆角矩形。　　　　　　　　　　　　(　　)

(7)在产品内页中放入关联商品的目的是提供给客户更多选择,减少跳失率,增加访问深度。　　　　　　　　　　　　　　　　　　　　　　　　　　　　　　　　(　　)

4. 简答题

(1)什么是网店装修?

(2)简要介绍网店装修风格的原则。

(3)网店装修风格如何把握?

(4)店标设计的基本要求需注意哪些问题?

(5)简要介绍动态店标的简易制作流程。

项目 5 推广网店和商品

项目综述

网店装修完毕,商品全部上架后,卖家需要引入店铺的流量。引流是网店实现销售的前提,有了真实的流量才会带来客户,带来订单。引流工作需要根据产品制订详细的推广计划,淘宝网提供众多的推广计划,到底什么计划适合自己的产品呢? 云哥作为营销部门主管,在网店上线之前已要求部门人员做了一系列准备工作,包括熟悉平台规则、平台活动参与流程、营销工具使用等,积极结合各种站内、站外的推广工具,筹划推广活动,以此提高网店知名度、提高店铺访问量、提高当季销量、增加老客户黏度、提高客户忠诚度等。

本项目根据《网店运营推广职业技能等级标准》(初级)网店基础操作模块要求,针对商品发布、商品维护、营销活动设置单元进行讲解,主要从了解各类推广渠道、制订营销策略、熟悉平台规则、使用营销工具等方面进行讲解,根据产品特点来制订合适的营销推广计划,实施营销活动。

项目目标

本项目首先发布上架新产品,再利用站内推广工具和站外推广工具提高产品的曝光率,将客户引流到店铺。掌握通过店铺的营销推广策略来提高店铺产品的转化率,从而推广网店及商品,最终提高销量。

知识目标

➢ 掌握发布上架新品

➢ 能根据不同类目的产品制订营销推广策略

➢ 掌握站内推广工具直通车的操作

- ➤ 了解其他站内推广工具的使用
- ➤ 了解站外推广工具的效用

能力目标

- ➤ 制定行之有效的营销推广策略进行推广
- ➤ 熟练运用多种淘内推广方法
- ➤ 能将常用推广方式与特殊方式相互结合

素质目标

- ➤ 培养从业者形成追求远大理想、坚定崇高信念的价值观
- ➤ 培养发现问题、解决问题能力,提升自我学习能力
- ➤ 树立注重提升流量转化效率、降低推广成本的职业素养
- ➤ 提高沟通协调、团队合作能力

项目思维导图

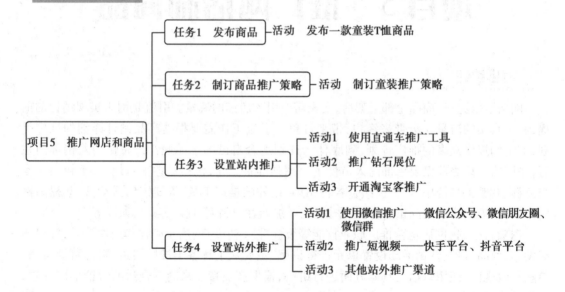

任务1　发布商品 ——活动　发布一款童装T恤商品

任务2　制订商品推广策略 ——活动　制订童装推广策略

项目5　推广网店和商品

任务3　设置站内推广
- 活动1　使用直通车推广工具
- 活动2　推广钻石展位
- 活动3　开通淘宝客推广

任务4　设置站外推广
- 活动1　使用微信推广——微信公众号、微信朋友圈、微信群
- 活动2　推广短视频——快手平台、抖音平台
- 活动3　其他站外推广渠道

任务1　发布商品

情境设计

　　云哥所在部门负责营销推广工作,一个网店里面所有的商品不可能全部都成为热卖商品,必须选定主推产品。另外,由于产品较多,部分产品库存不足或预售产品,都必须做好产品分批次、按类目上架工作。如果出现客户下单后无货可发的情况,必须及时下架产品。本次任务就是发布本店的商品。

任务分解

云哥根据产品类目,添加相应的产品分类,将已经完成商品详情页设计的产品分类上架,设置好运费、库存数量、款式、颜色等参数,核对无误后按产品类目上架。然后,根据营销推广策略中的计划,实施产品推广。

主要步骤:参考《网店运营推广职业技能等级标准》(初级)的商品发布单元内容要求,学习商品标题的作用、商品属性填写的注意事项、商品发布的主要内容等。根据当前产品分类、库存数量等数据发布新商品,以便后期进行营销推广设置等操作。

活动 发布一款童装 T 恤商品

活动背景

网店即将要上线正式运营,目前一切准备工作就绪,现需要将商品进行发布上架操作,以供顾客网上浏览。以一款童装 T 恤为例,首先,要添加该产品的相应分类,接着在产品相应分类中发布商品,设置好商品相关的属性和物流信息等,最后成功发布商品。

活动实施

(1)登录自己的淘宝并进入"千牛卖家中心",点击"店铺管理"→"宝贝分类管理",如图 5.1.1 所示。

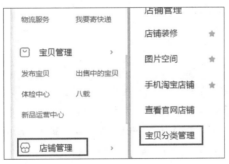

图 5.1.1

(2)点击"分类管理",再点击"添加手工分类",在分类名称中输入"2020.12.25 上新",在分类旁边有一个左倒三角按钮,点击后可继续细分,这里输入"T 恤""裤子",如图 5.1.2 所示。

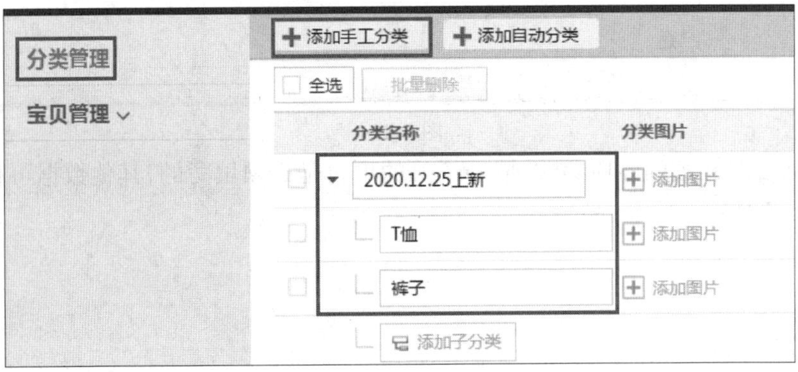

图 5.1.2

（3）所有的产品分类名称都可以移动调整顺序，也可以添加分类图片，但是这些图片一定要事先做好，并已上传图片空间。因为淘宝店里的所有图片都必须要上传图片空间才能调用，这里不再重述，本书其他的项目中有所介绍。

（4）设置完毕后点击右上角"保存更改"，就已完成了宝贝的分类设置，后期发现宝贝分类中有任何设置错误，都可以随时删除或者更改，如图 5.1.3 所示。

图 5.1.3

（5）正式进入发布商品页面。进入"千牛卖家中心"，点击"发布宝贝"，打开商品发布页面，上传商品主图选择商品所对应的类目，也可以直接入商品名称，快速匹配相应类目，如图 5.1.4 所示。

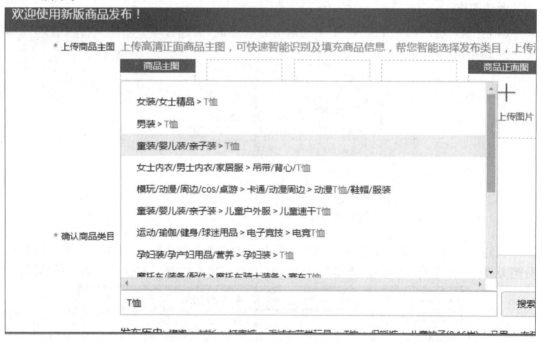

图 5.1.4

（6）输入商品相关的各项参数，带"＊"号的项目是必须填写的，其他数据可根据需要填写，如图 5.1.5 所示。

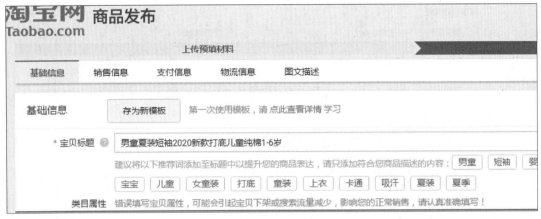

图 5.1.5

（7）接下来就是按要求操作，以便日常管理商品，店铺中分类选择之前就设置好的分类，如图 5.1.6 所示。

（8）设置运费模板，如已有的运费模板可直接选择，如图 5.1.7 所示。如果没有，可直接点击"新增运费模板"，填写模板名称、宝贝地址等信息，然后保存即可，如图 5.1.8 所示。

图 5.1.6

图 5.1.7

（9）所有信息检查无误，便可发布商品了。发布成功后如图 5.1.9 所示。

活动评价

从发布商品操作来看，商品上架前需要了解清楚商品的具体库存、成本价等情况，所有信息要求做到准确无误。如果发布的商品与类目不符，都会被下架处理；再者参数设置错误，误导顾客下单，会引起后期不必要的争执，导致收到中差评，增加售后工作量。另外，做一件代销应该注意，有些参数不允许更改，如童装要求主图的第 5 张图片必须要白底背景等，所以发布商品这项工作不能马虎，因为后期的工作都是围绕店铺里的商品而开展的，若商品出错，那么后期工作将层层出错，必须严格按要求执行。

合作实训

分小组实训，每 3 人一组，共同分析要发布商品的卖点，讨论产品标题的撰写、定价、分类、参数等，还有产品详情页中的文案写法，从而准确无误地完成一件商品的发布工作。

新增运费模板

| 模板名称： | 中山发货运费 | | 运费计算器 |

* 宝贝地址：　请选择...　▼

　　发货时间：　请选择...　▼　如实设定宝贝的发货时间,不仅可避免发货咨询和纠纷,还能促进成交!详情

* 是否包邮：　◉ 自定义运费　　○ 卖家承担运费

* 计价方式：　◉ 按件数　　○ 按重量　　○ 按体积

　　运送方式：　除指定地区外,其余地区的运费采用"默认运费"
　　　　　　　☐ 快递
　　　　　　　☐ EMS
　　　　　　　☐ 平邮

☐ 指定条件包邮 New 可选

[保存并返回]　[取消]

图 5.1.8

图 5.1.9

任务2　制订商品推广策略

情境设计

　　云哥一丝不苟地工作了一段时间,商品均已全部发布,店铺装修与优化也都已完成,但店铺的流量和销量却一直上不来。目前,他想打造两个应季爆款,利用爆款来引流,于是决

定对店铺和商品进行推广。总的来讲,要制订商品推广的策略,什么样的商品主打站内推广,什么样的商品主打站外推广,目前经过分析,淘宝店铺所采用的推广手段集中在付费的直通车推广、钻石展位推广等。

任务分解

首先了解商品的消费者主体特征和各项影响消费者购买决定的因素,其次分析商品可以参加哪些站内外的推广活动,了解目前站内主要的店铺促销活动的时间和类型。通过了解地域的冷热周期、行业旺淡季的特征等,制订相应的推广计划和目标。

活动　制订童装推广策略

活动背景

以童装商品为例入手了解商品的消费群体。从站内的相关店铺营销情况了解该类目商品的特点和对应店铺所采取的营销活动。了解商品的主要竞争商家开展的主要活动,了解行业的主要活动时间节点以及活动开展的效果。

活动实施

1. 登录淘宝

打开淘宝指数页面,登录淘宝账号,显示如图 5.2.1 所示。要访问更多相关数据可进入生意参谋。

图 5.2.1

2. 区域指数

点击区域指数,从地区角度解读贸易往来、热门类目、商品概况、人群特征。通过区域指数,可以了解一个地方的交易概况,发现它与其他地区之间贸易往来的热度及热门交易类目,找到当地人群关注的商品类目或者关键词,探索交易的人群特征,如图 5.2.2 所示。

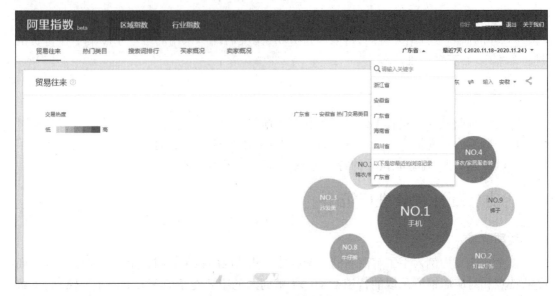

图 5.2.2

3. 行业指数

点击行业指数,从行业角度解读交易发展、地区发展、商品概况、人群特征。通过行业指数,可以了解一个行业的现状,获悉它在特定地区的发展态势,发现热门商品,知晓行业下卖家及买家群体概况,如图 5.2.3 所示。

排名	搜索词	搜索指数	搜索涨幅	操作
1	无	12,718	49.17% ↓	
2	手机	10,271	14.22% ↓	
3	连衣裙	9,088	7.97% ↓	
4	华为手机	7,388	22.08% ↓	
5	华为	7,343	27.35% ↓	
6	优衣库	7,331	25.68% ↓	
7	卫衣	7,330	6.02% ↓	
8	天猫农场	6,767	8.18% ↓	
9	小米	6,438	32.72% ↓	
10	零食	6,333	26.59% ↓	

图 5.2.3

做推广活动就特别要清楚自己的商品特点、客户对象是谁,投放推广活动才能有的放矢、效果显著。

4. 制订相关推广策略

童装是分季节性的商品,款式更新速度也快,如果是针对中大童的童装,就可以关注开学季的推广、"六一"儿童节节日的推广,还有亲子装也可以作为主打商品等。

（1）利用淘宝站内免费试用推广小工具

在淘宝里，80%的推广工具是要付费使用的。对于新店来说，一开始就利用付费工具来推广，成本会很高，而且不见得会有很好的效果。所以开店初期，利用这些推广小工具，既可以熟悉一下使用方法，也可以检测哪个小工具有效果。

选择免费试用的推广小工具的流程如下：

①点击"千牛卖家中心"，找到左边菜单列表中的软件服务，点击"我要订购"可以进入卖家服务市场，或者直接点"卖家服务"，也可以直接输入网址进入。

②在服务市场页面的搜索栏中输入"推广工具"，点击搜索，如图5.2.4所示。

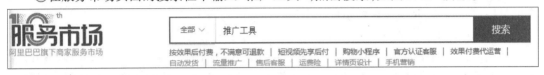

图 5.2.4

③在搜索结果页面勾选"免费试用"选框，就可以筛选出免费试用的推广小工具，根据需要选择一款或几款一起试用，如图5.2.5所示。

图 5.2.5

很多小工具功能相近，比如打折的工具有美折、旺店宝等，同类型的工具可以选择使用人数多的去试用。经过一段时间的试用，根据自己的店铺需要就可以后期选择性购买继续使用。

（2）利用淘宝站内推广工具

①直通车。

淘宝和天猫搜索流量获取的营销工具，通过精准关键词和人群定向，结合智能算法个性化匹配,为商品获取手机淘宝搜索结果页面的目标流量。

②钻石展位。

钻石展位是淘宝网图片类广告位竞价投放平台,是为淘宝卖家提供的一种营销工具,通过营销广告来吸引客户点击,从而将流量流导入网店。钻石展位按照广告展现的次数来收费,以CPM(千人广告成本)来计费,卖家可以根据群体(地域和人群)、访客、兴趣点三个维度设置定向展现。

③淘宝客推广。

淘宝客属于效果类营销推广,是指帮助卖家推广商品并获得佣金的人,区别于淘宝直通车的是按点击付费,而淘宝客就是按成交计费佣金的。

(3)利用站外推广工具

要想使自己的商品卖得更好,需要通过多种渠道,除了淘宝站内推广,站外推广也非常重要。站外的渠道多样化,能更好地拓展销售渠道,更好地进行店铺及商品的宣传及销售。

①微信公众号、微信朋友圈、微信群。

微信推广,又叫微信营销,是网络经济时代企业或个人营销模式的一种,是伴随着微信的火热而兴起的一种网络营销方式。微信不存在距离的限制,用户注册微信后,可以与周围注册的"朋友"形成一种联系,订阅或关注自己所需要的信息,商家通过提供用户需要的信息推广自己的商品,从而实现点对点营销。再者可以把自己店铺的老客户圈养起来,定期给予福利,也可以招募合伙人建群的方式,定期给代理做培训,让更多的代理商卖更多的商品。

②短视频推广——快手平台、抖音平台。

目前快手、抖音等短视频平台,拥有5亿的活跃用户,将来可以作为关注的点去推广店铺和商品。

③其他站外推广工具。

其他的推广工具还有很多,如微博、论坛、贴吧、QQ等,虽然这些工具已逐步让人淡忘,但是目前来讲对特定的商品还是有一定的效果。

活动评价

从童装类目上看,童装的推广时间和方法十分多,可以根据不同的时间和不同的需求制订不同的推广计划,达到不同的推广效果。其他类目的商品可参考其中的推广手段,手法大同小异,店铺运营是作为电商各岗位来讲,是比较难的一个岗位,因为变化的因素太多,需要及时调整策略,方可赢利。本活动主要以童装为案例,介绍商品特点以及购买商品的主要人群、人群的行为特征等,通过对影响销售的因素进行分析,为制订网店的推广策略提供参考。

任务3　设置站内推广

情境设计

云哥的营销部门详细研究各种常用的营销推广工具,如淘宝平台的各项营销工具、微信群、QQ群、朋友圈等。部门召开会议,讨论网店的营销推广实施计划。经过使用一些推广小工具,淘宝店铺的销量有所上升,但为了进一步提升店铺的交易量,通过研究数据分析,部门一致同意选择付费推广工具直通车、钻石展位、淘宝客进行更大力度的推广工作。

任务分解

经过部门的详细讨论,不管采用何种付费推广工具,前提都必须清楚该工具的操作原理,否则不单是烧钱,而且又没效果,接下来重点介绍三种工具的具体使用操作。

活动1　使用直通车推广工具

活动背景

直通车是淘宝天猫最常用的推广方式之一,是一种搜索关键词竞价推广方式,也是最精准的推广手段。云哥为了更好地掌握直通车推广,希望能成为"神车手",查阅了很多相关网络资料,理解它的含义、内容、操作原理、扣费原理等。

活动实施

(1)进入直通车后台,点击"千牛卖家中心",左侧菜单找到"营销中心",点击"我要推广"→"淘宝/天猫直通车",即可进入直通车后台,如图5.3.1所示。

图 5.3.1

(2)首次进入直通车,需要同意协议,请自行阅读《淘宝直通车软件服务协议》。

(3)查看账户余额,进入直通车后台后,首先要关注的是"账户余额",首次最低充值500元,才能做直通车;接着充值200元起步便可,充值后,就可以新建推广计划了,如图5.3.2所示。

图 5.3.2

（4）选定商品做直通车,选好商品是进行直通车推广最关键的步骤,也是前提。如果商品不好,无论有多少流量,都没法提高转化率。

具体要求如下:首先,推广的商品一定要有突出的卖点,比如性价比高、产品性能好、高品质等;其次,该商品一定要是店铺中综合质量较高的,可以选择点击率、转化率、收藏率高的,客户浏览时间长、好评反馈情况较好的商品,这些数据可以借助卖家千牛的后台获得。这里选定童装 T 恤作为讲解例子。

（5）新建标准推广计划。

①点击新建推广计划,进入新的推广计划页面,如图 5.3.3 所示。

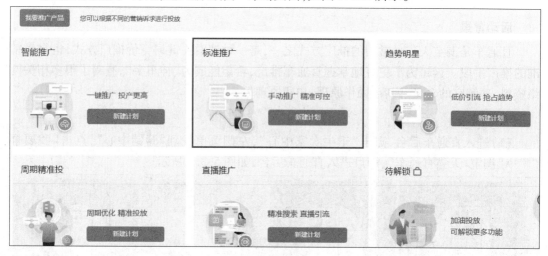

图 5.3.3

②根据自身要求选择营销场景,接着到推广设置,如图 5.3.4 所示。

图 5.3.4

③推广设置有三项内容要填写,首先是投放设置,要求填入计划名称、日限额、投放方式以及高级设置,其中高级设置可以设置投放"投放平台、投放地域、投放时间",如图 5.3.5 所示。

图 5.3.5

④到单元设置,选定需要做推广的产品,一个计划最多可以选定 5 个产品进行推广,单击"添加产品",如图 5.3.6 所示。

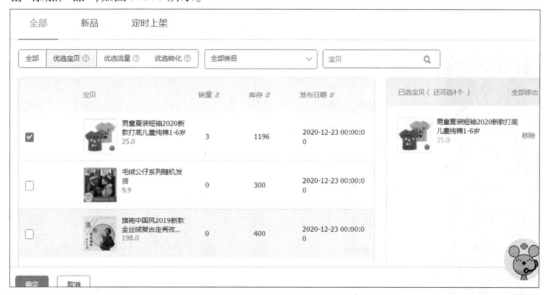

图 5.3.6

⑤到创意设置,默认使用主图,新建完成后进入创意板块进行更换设置,如图 5.3.7 所示。

图 5.3.7

⑥单击"下一步"按钮,设置推广方案,这是很关键的一步,就是添加关键词和人群方案,根据选择的营销场景和目标,系统为用户量身定制了关键词和人群方案,可在此基础上进行一定的修改,如图 5.3.8 所示。

图 5.3.8

⑦点击"更多关键词"可以添加 200 个你想要的关键词,如图 5.3.9 所示。

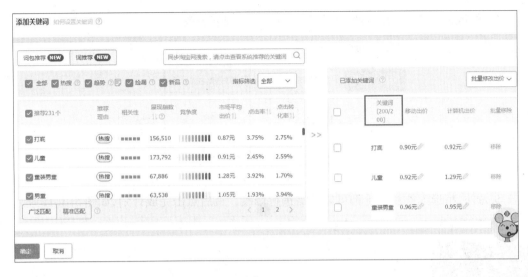

图 5.3.9

一般选词原则,挑选条件勾选潜力词、飙升词等,首先根据提供的数据进行选词,如果挑选出来的词质量分很低,可以放弃,然后再重新选词,再者也可以挑选一些比较有潜力的词进行养词,关键词选择参考途径是淘宝首页搜索下拉框词、店铺访客的搜索关键词、直通车关键词词典等,直通车关键词词典每周都会更新,如图 5.3.10 所示。

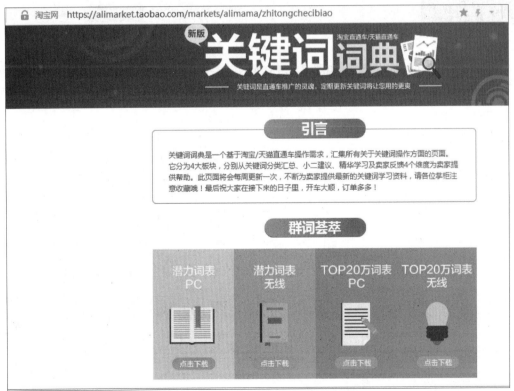

图 5.3.10

⑧"修改匹配方式"有两种，如图5.3.11所示，按需更改。

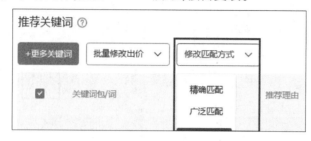

图 5.3.11

⑨另外，精选人群和溢价都可以按需进行修改。最后点击完成计划，如图5.3.12所示。

图 5.3.12

⑩点击刚建好的推广计划，如图5.3.13所示。

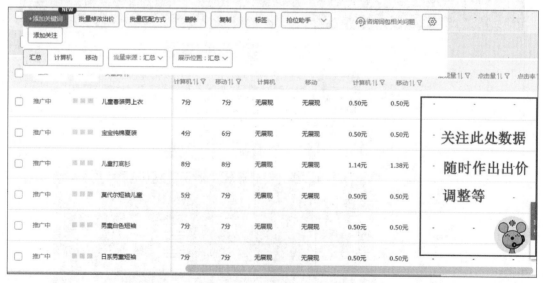

图 5.3.13

⑪点击"创意",为本推广计划添加创意,如图 5.3.14 所示。

最多可添加 4 个创意。注意创意标题只能在 40 个字符内,或 20 个汉字内。点击"定向推广",可以更改投放人群和展示位置,如图 5.3.15 所示。

图 5.3.14

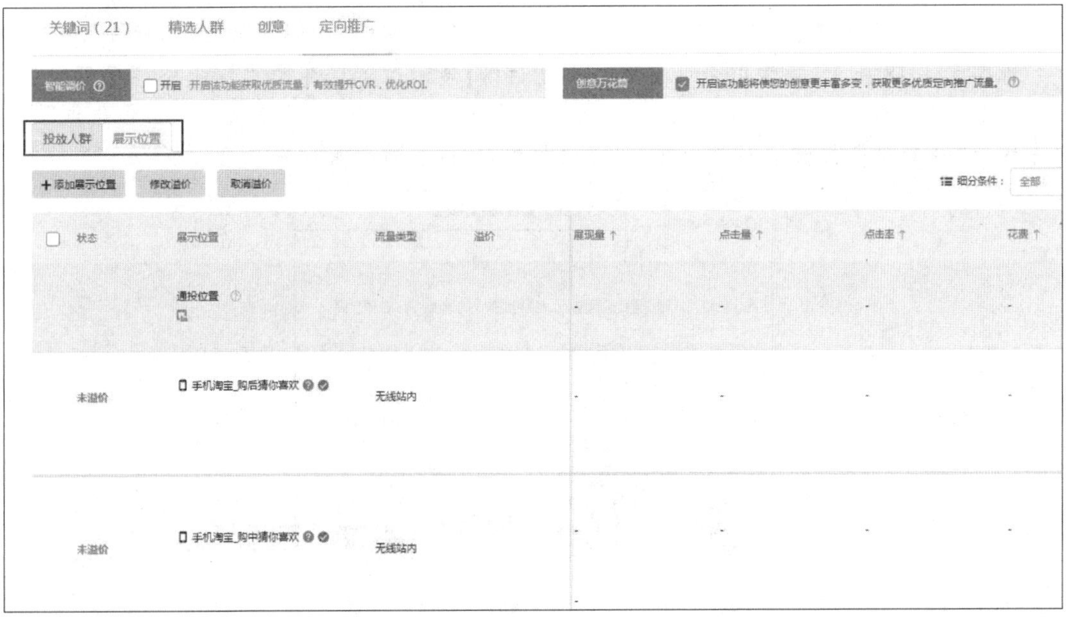

图 5.3.15

⑫按需要可继续更改及调整推广计划,到最终完成推广计划的创建。

知识窗

1.什么是淘宝直通车

淘宝直通车是专为淘宝卖家量身定制的一款推广工具,是按点击付费的营销工具,它能精准匹配搜索关键词,为店铺商品带来更加精准的潜在客户。每件商品可以设置4个推广计划,每个计划可以设置200个关键词,卖家可以针对每个竞价关键词自由定价,并且可以看到淘宝网上类目产品的排名位置,按实际被点击的次数付费。

2.淘宝直通车的准入条件

要开通直通车,淘网卖家要具备以下条件:

①店铺可正常访问,状态正常;

②店铺账户可正常使用,状态正常;

③淘宝店铺的开通时间不低于24小时;

④近30天内产品成交额大于0;

⑤店铺综合排名靠前;

⑥店铺如因违反《淘宝规则》中的相关规定被处罚扣分的,还需要符合一些额外条件。

3.淘宝直通车展示位置

(1)PC端展示位置

PC端搜索结果页左侧带"掌柜热卖"标签的位置如图5.3.16所示,搜索结果页面右侧展示如图5.3.17所示,搜索结果页"底部"翻页位置下面展示"掌柜热卖"位,如图5.3.18所示,搜索页面可一页一页往后翻,展示位置以此类推。此外,"已买到产品"页面底下中的"热卖单品","我的收藏"页面底下的"热卖单品","每日焦点"中的"热卖排行",淘宝网首页靠下方的"热卖单品"也都可直通车展示位置。

图5.3.16

图 5.3.17

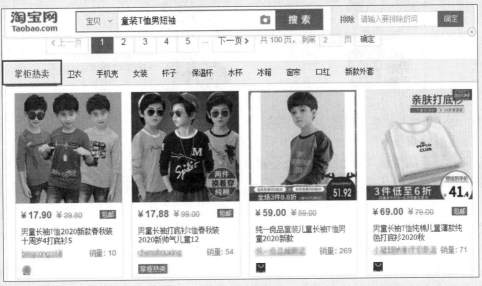

图 5.3.18

（2）移动无线端展示位置

移动无线端左上角带"HOT"标签的即为淘宝直通车展示位置，如图 5.3.19 所示。展示位置见表 5.3.1。

表 5.3.1

移动设备型号	直通车无线展示位	含 义
IOS/Android（苹果或安卓系统）	1 + 5 + 1 + 5 + 1 + 10 + 1 + 10 + …	1 代表直通车位置，前两个位置中间隔开 5 个位置，后面的中间隔开 10 个位置就有一个直通车展示位
WAP（移动端网页淘宝）	1 + 20 + 2 + 20 + …	每隔开 20 个位置，就有两个直通车展示位

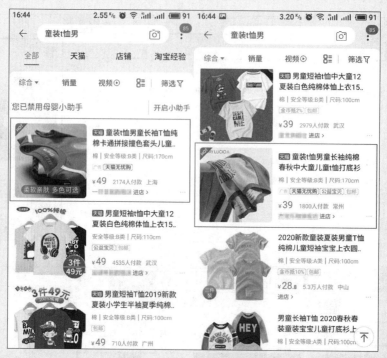

图 5.3.19

（3）直通车排名规则及扣费原理

①排名规则。

影响直通车推广排名最主要的是两个因素：推广出价和质量得分。一般情况下，设置的推广价格越高，并且质量得分越高，推广的商品越有机会展现在靠前的直通车位置。

$$综合排名 = 出价 \times 质量得分$$

什么是质量得分？

质量得分是系统估算的一种相对值，主要用于衡量关键词与产品推广信息和淘宝网用户搜索意向之间的相关性。它的计算涉及多种因素，主要有：

● 相关性：关键词与产品类目、属性及文本等信息的相符程度。

● 创意质量：指推广创意近期的动态反馈，包括推广创意的关键词点击反馈、图片质量等。

● 买家体验：指根据买家在店铺的购买体验和账户近期的关键词推广效果给出的动态得分，包括直通车转化率、收藏、加入购物车、关联营销、详情页加载速度等。

● 其他相关因素：例如图片质量、是否有严重违规行为等。

②单次点击扣费原理。

直通车推广，按点击扣费，只有在展示位上点击了卖家推广的产品才会进行扣费，扣费公式如下：

$$单次点击扣费 = (下一名出价 \times 下一名质量分) / 自己的质量分 + 0.01$$

举例某关键词单次点击扣费见表 5.3.2。

表 5.3.2

商　家	出价/元	质量得分	扣费/元	排　名
A	2	10	1.01	1
B	2	5	1.61	2
C	1	8	1	3

A 商家虽然出价与 B 商家一样,但是质量得分远高于 B,因此按公式计算,扣费低于 B,并且排名也靠前,因为质量得分对排名和扣费都非常重要。因此,某个关键词商家同样的出价,质量得分越高者,扣费越低,扣费最高为您设置的出价,当公式计算金额大于出价金额时,将按实际出价扣费。

活动评价

直通车推广是适合中小卖家的推广手段,它能精准展示给可能要购买的客户,按点击收费,并且费用可控制,非常灵活,数据直观明了。"开车"过程中,特别要注意千万不能违规操作,比如刷单等,后果会很严重。如此好用的一款推广工具,想要用好它还得不断优化投入产出比,在执行过程中,尤其需要关注"展现量""点击率""转化率"及"点击单价"。

活动 2　推广钻石展位

活动背景

云哥认为淘宝店的营销推广单纯只启用付费的直通车是不够的,还需结合别的付费工具。这里选择的钻石展位(简称钻展),是淘宝网图片类广告位竞价投放平台,是为淘宝卖家提供的一种营销工具。钻石展位依靠图片创意吸引买家点击,获取巨大流量。钻石展位是按照流量竞价售卖的广告位。

活动实施

(1)进入钻展后台,点击"千牛卖家中心",找到"营销中心",点击"我要推广"→"钻石展位",如图 5.3.20 所示。

(2)进入钻石展位后台界面,首先确认"账户余额"有足够的金额,保证推广所需要的费用,首次最低充值 300 元。充值后,即可新建推广计划,如图 5.3.21 所示。

(3)新建推广计划,如图 5.3.22 所示。

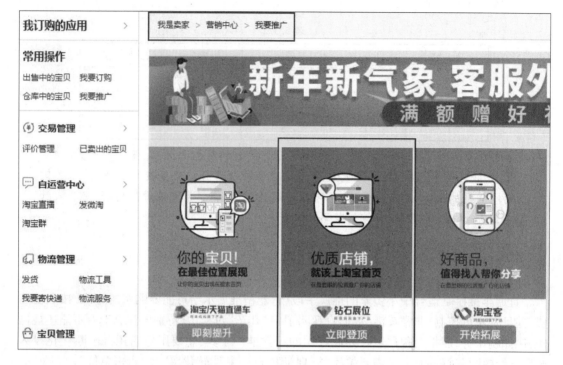

图 5.3.20

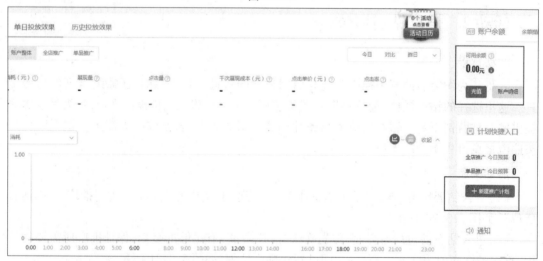

图 5.3.21

（4）首先，选择推广场景是全店推广还是单品推广，这里选择全店推广；接着设置计划，包含设置营销参数和设置基本信息，如图5.3.23、图5.3.24所示。

（5）最后设置单元，添加创意图片，直至完成创建。

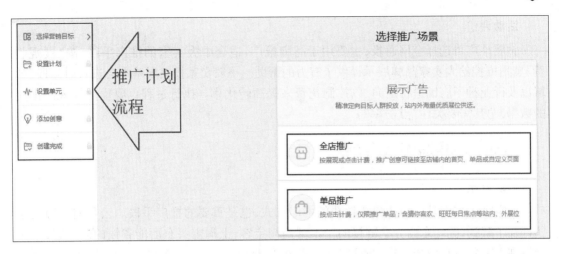

图 5.3.22

图 5.3.23

图 5.3.24

活动评价

钻展推广可选择全网通投,主要用于品牌推广,适合中大卖家的推广手段,按"展现收费"费用可控给大卖家品牌展示提供了有力的帮助。一般卖家投钻展基本会进行时间段、地域以及行业种子店铺进行定向,以控制花费来提高转化率。执行过程也要优化投入产出比的数据,尤其需要关注"点击率"。

活动3　开通淘宝客推广

活动背景

淘宝客的推广是一种按成交计费的推广方式,也是重要的推广手段。云哥向身边的亲朋好友了解到,把好东西分享链接的基本都是淘宝客,上淘宝买东西能省钱的同时,分享链接给别人下单也有佣金可赚,并且佣金比率也是根据具体的产品而定。云哥认为,好东西就应该让更多的人分享出来,人多力量大,应该也会有不错的推广效果,于是加入淘宝客平台。

活动实施

(1)进入"千牛卖家中心",找到"营销中心",点击"我要推广"→"淘宝客",进入后台,如图5.3.25所示。

图5.3.25

(2)浏览淘宝客协议,点击同意协议,并且完成支付宝捆绑,就可以建立推广营销计划了。

(3)建立营销计划,点击"计划管理",进入营销计划页面,如图5.3.26所示。

(4)点击"添加主推商品",如图5.3.27所示。

注意单品推广最多可以添加10 000个商品,商品不可以重复添加,已添加过的商品显示"已设置"。

(5)设置佣金比率,如图5.3.28所示。

图 5.3.26

图 5.3.27

图 5.3.28

设置推广时间(最快推广时间为次日),设置佣金比率(建议设置佣金率高于公开的定向计划),设置日常策略,同一个商品支持设置3个日常策略,可删除,点击"保存设置",设置就完成如图5.3.29所示。

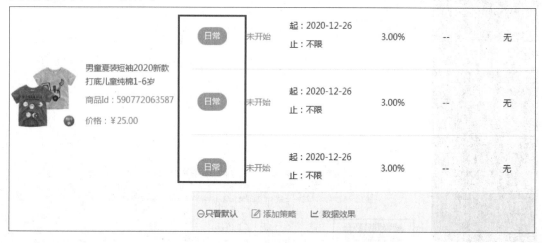

图 5.3.29

- 默认:平台推广策略,系统选取当前所有推广中策略的最优佣金,商家不可操作。
- 日常:商家自定义设置策略,每个商品最多可设置三条策略,时间可重叠设置。
- 活动:报名团长招商活动审核通过后,会将活动报名策略同步在列表中,商家一览全局,方便管理。

(6)点击"活动",报名入口如图5.3.30所示,卖家根据所需要,可选择性报名。

图 5.3.30

(7)看板效果报表数据,如图5.3.31所示。

表中数据很全面,可选择性查看店铺里的任何一款商品,选择时间范围查看商品对应数据。

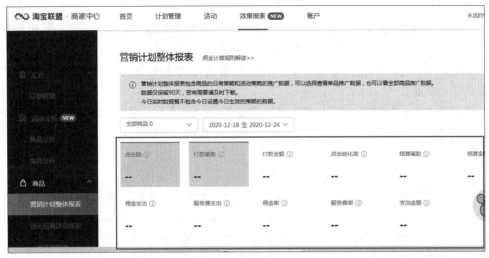

图 5.3.31

知识窗

1. 什么是淘宝客

淘宝客,简称 CPS,属于效果类营销推广。区别于淘宝直通车的按点击付费,淘宝客是一种按成交计费的推广方式。淘宝客获取商品链接或者代码,买家经过淘宝客的推广(分享的链接、个人网站、博客或者帖子等)进入淘宝卖家店铺完成购买后,淘宝客就可得到由卖家支付的佣金。简单地说,淘宝客就是指帮助卖家推广商品并获取佣金的人,这个购买必须是有效购物,即指确认收货了。

在淘宝客中,有淘宝联盟、卖家、淘宝客及买家 4 个角色,每一个角色都不可或缺的,淘宝客交易流程如图 5.3.32 所示。

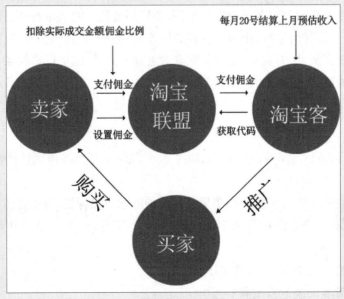

图 5.3.32

●淘宝联盟:阿里巴巴旗下的一个推广平台,可以帮助卖家推广产品,帮助淘宝客赚取利润,从每笔推广的交易中抽取相应的服务费用。

●卖家:佣金支出者,把需要推广的商品提供给淘宝联盟,并设置每卖出一件商品支付的佣金。

●淘宝客:赚取佣金的人,在淘宝联盟找到卖家发布的产品,并且推广出去,当有买家通过其发布的推广链接成交后,就能够赚到卖家所提供的佣金,其中一部分需要作为淘宝联盟的服务费。

●买家:就是网上进行商品购买的人。

淘宝客所推广的商品购买链接有效期为 15 天内,只要在此期限内,是通过淘宝客推广的链接购买的商品,卖家都要按商品的佣金比率付给淘宝客。另外,买家是通过淘宝客推广的商品进入店铺并非购买链接中的商品,而是购买了店里的其他商品,卖家一样要按店里的类目佣金比率付给淘宝客。

2.淘宝客准入条件

①卖家店铺动态评分各项分值均不低于 4.5;

②店铺状态正常,包括商品的种类,库存等;

③签署支付宝代扣款协议;

④未在使用阿里妈妈或其他关联公司其他营销产品(包括但不限于钻石展位、直通车等)服务时因违规被中止或终止服务的。

活动评价

淘宝客推广是按成交付费,很适合资金不充足的小卖家,并且效果好坏与产品定位和定价有很大的关系。因此,很多人说淘宝客推广是"锦上添花"的作用,也是这个道理。不过市面上,像淘宝联盟这样的淘宝客平台也有很多,并且都是独立的 App 操作,像花生日记、粉象生活、淘无忧等,不管任何平台,作为淘宝客的任务就是分享卖家的商品,从而推广卖家的商品,自己又能获取佣金;作为卖家,就是开发更多更好的商品,以更优厚的条件招募更多的淘宝客,卖出更多的商品,以达到共赢局面。

合作实训

撰写直通车创意标题。

根据直通车创意标题撰写产品要点,以个人为单位撰写出本地区特产商品的直通车创意标题。撰写方法参考如下:

(1)仿标题法——参考淘宝天猫热卖高销量的同款产品标题,分解打散得出关键词与属性词,再自行组织,一个创意标题为 20 个汉字,40 个字符,一个产品一共可添加 4 个创意标题。

(2)直通车推荐关键词,按需要选用组标题。

(3)直通车万能词表下载按需要选用。

(4)千牛后台访客进店搜索关键词(生意参谋)。

任务 4　设置站外推广

情境设计

经过一段时间的淘宝网站内付费推广运营,店铺搜索及产品的销量有所上升,但是离预计目标还有很大差距。为了收到更好的效果,营销部门经过会议讨论,决定推广到站外去,因为站外的渠道更加多样化,能更好地拓宽销售渠道,更好地进行店铺宣传及产品销售。

任务分解

站外推广是指在淘宝网以外的其他网站或者社交平台的推广,站外推广有助于店铺信息被更多的网友看到,更有利于搜索引擎收录。站外推广渠道主要有社交网站及社交 App(微信等)、微信公众号、导购类网站、返利网站、团购网站等。

活动 1　使用微信推广——微信公众号、微信朋友圈、微信群

活动背景

云哥对本部门的人员做了一项简单调查,发现大家相互联系都是使用微信,获取一些最新资讯也是微信公众号,于是召开部门会议,讨论当下线下更有效的推广方式。其中微信推广就是企业网络推广的一种新型方式,要好好利用微信对淘宝店铺和产品的推广。其中微信朋友圈和微信群,作为个体使用者,都不陌生,但是要科学利用起来,还是得费一番心思的,而微信公众号更是要认真学习,因为其中又分订阅号、服务号等,必须提前准备资料,做好申请工作。

活动实施

1. 认识微信公众号

微信公众号不但个人可以注册,企业和组织也可以注册,账号分类如图 5.4.1 所示。

图 5.4.1

知识窗

（1）服务号

服务号为企业和组织提供更强大的业务服务与用户管理能力，主要偏向服务类交互（功能类似12315、114、银行等，提供绑定信息，服务交互）。

适用人群：媒体、企业、政府或其他组织。

群发次数：服务号1个月（按自然月）内可发送4条群发消息。

如需了解更多信息，可扫以下二维码，联系在线官方客服，如图5.4.2所示。

图5.4.2

（2）订阅号

订阅号为媒体和个人提供一种新的信息传播方式，主要功能是在微信侧给用户传达资讯（功能类似报纸杂志，提供新闻信息或娱乐趣事）。

适用人群：个人、媒体、企业、政府或其他组织。

群发次数：订阅号（认证用户、非认证用户）1天内可群发1条消息。

（3）企业号

企业号为企业或组织提供移动应用入口，帮助企业建立与员工、上下游供应链及企业应用间的连接。

公众平台服务号、订阅号、企业号的相关说明：

●订阅号：主要偏于为用户传达资讯（类似报纸杂志），认证前后每天只可以群发一条消息。

●服务号：主要偏于服务交互（类似银行，114，提供服务查询），认证前后每个月可群发4条消息。

●企业号：主要用于公司内部通信使用，需要先验证身份才可以关注成功企业号。

公众号申请注意事项：

①如果想简单地发送消息，达到宣传效果，建议可选择订阅号；

②如果想用公众号获得更多的功能，例如开通微信支付，建议可以选择服务号；

③如果想用来管理内部企业员工、团队，对内使用，可申请企业号；

④订阅号不支持变更为服务号，同样，服务号也不可变更成订阅号。

2. 注册微信公众号

（1）登录微信公众平台，点击"立即注册"，如图 5.4.3 所示。

图 5.4.3

（2）选择注册的账号类型，这里选择订阅号，按要求填写完信息，便可完成注册，如图 5.4.4 所示。

图 5.4.4

需要注意的是公众号的取名，一定要事先定好名字，因为一旦申请确定就不能更改。一个好名字也能影响效果，最好既简短又好记，还能突出品牌效应。例如：乡村基、真维斯官方旗舰店、韵达快递等，如图 5.4.5、图 5.4.6、图 5.4.7 所示。

3. 管理公众号和粉丝战

申请一个公众号并不难，难就难在如何把公众号的作用发挥得淋漓尽致，也即是让公众号能发挥推广的效果。首先，要让自己的微信公众号里面有内容，这内容必须是有内涵的、真实的、丰富多彩的;其次就是吸粉;最后才是维护和效果评估。

图 5.4.5

图 5.4.6

图 5.4.7

公众号内容文章的编写讲究技巧,以"华润万家超市"为例,文章标题醒目、图文并茂,如图 5.4.8 所示。

图 5.4.8

知识窗

公众号文章标题需要醒目、劲爆、活动给力，才能吸引数量众多的铁粉。有了公众号，每次活动不用再到线下去印发传单，去派发传单，早已通过公众号的信息传遍网络了。线下的人气爆棚就已证明了公众号推广很到位，所以通过公众号的内容让粉丝成为铁粉，每天都会定时关注公众号的信息，这样的公众号才真正起了推广的作用。

粉丝是公众号的命脉，没有人关注，写得再好的文章也没人欣赏，当然前提是必须要有内容可观看，展开吸粉工作才容易。线下售卖商品或服务门店，一般吸粉采用的手段都是在人流多的地方摆摊求扫一扫关注并送礼物，再者关注成为会员，有折扣。一般情况下，路人乐意拿手机扫一扫就关注了，所以就算新公众号吸粉也不难。目前公众号也是大家比较公认的，并且也比较习惯的一种接收信息的方式。线上网店吸粉的方式，现在店铺基本上都会申请公众号或者个人微信号去建群管理，一般网购的快递里都会放有一张小纸，上面就有二维码，扫描关注会返现或送优惠券等，卖家们各出奇招。不管是线上还是线下，圈粉的目的就是培养潜在客户，笼络忠实客户。

维护和效果评估公众号，可以通过公众号发布活动信息，集赞多少就可以打折或者赠送东西等，必须真实有效，特殊情况一定要说明，否则下次类似的活动就只会让人反感，甚至可能取消关注，需要张弛有度。评估活动的效果，线下的可以走访并咨询是否有人知道，活动当天是否有人气等。如果效果明显，则证明公众号推广取得了效果。

活动评价

目前不管是线上店铺还是线下的门店，基本上都会注册微信公众号，但是在管理上以及效果上就很有差异。其实我们都很有感受，有些企业的公众号管理真的很用心，不但分享了一些读者喜欢看的资讯，还分享了最新的产品上架信息及相关的活动信息，而且活动的花样也是层出不穷。推广的效果当然与商品、与企业等因素都有关系，也不能跟风操作，还是得具体问题具体分析。

活动2　推广短视频——快手平台、抖音平台

活动背景

最近部门的同事都在空闲时间刷段子，说到几个草根网红，粉丝数量成百万上千万，并且能现场直播卖货，卖货销量不错。云哥了解到当下流行的手机短视频平台有快手和抖音，并且召开部门会议，彻底摸清如何通过短视频平台进行推广商品。

图5.4.9

活动实施

1.快手平台

（1）打开快手App，如图5.4.9所示。

（2）快手小店首页左上角点击进入快手小店，然后在该页面右上角点击"开店"，如图5.4.10所示。按要求去认证，提交相应资料即可开通，并缴纳相应额度的保证金即可添加商

品并售卖。目前快手平台店铺保证书和推广保证金阈值都是 500 元。

图 5.4.10

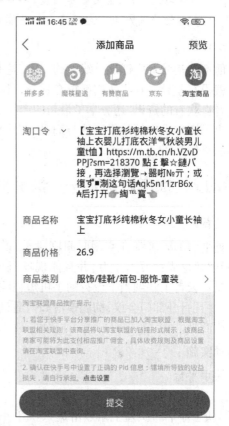

图 5.4.11   图 5.4.12

（3）进入快手小店（卖家端），添加商品，如图 5.4.11 所示；添加其他平台的商品，如图 5.4.12 所示。这里暂时可以添加拼多多、魔筷星选、有赞商品、京东、淘宝平台的商品，图片展示的是添加淘宝平台的商品，别的平台不做演示。注意添加淘宝平台的产品，主要是通过淘口令进行添加。如果所添加的产品已加入淘宝联盟，请参考淘宝联盟商品推广的提示添加。但无论是添加快手平台还是添加其他平台的商品，都需要经过审核，审核通过的商品才能上车售卖或者推广。

（4）发布平台短视频，并"关联我的商品"，如图 5.4.13 所示。观众在观看短视频的同时，就能通过小黄车看到商品的链接，如图 5.4.14 所示。

（5）通过快手"快手粉条"推广短视频，如图 5.4.15 所示。为了使作品能收到更加突出的效果，可以选择快手官方推出的付费投放服务。购买此服务后，作品可以选择置顶给关注页的粉丝，也可以选择让更多人在发现页或者同城页看到您的商品，从而增加商品曝光率，收获潜在粉丝。视频如果是付费推广的，会带有"广告"的字眼，并带有链接，这里不做介绍。

（6）通过上热门推广，快手"发现"页能真实反映用户喜好，由算法根据观众行为进行推荐，无法人工干预；原创、积极、正能量的作品更容易获得用户喜爱，也容易在"发现页"获得更多播放量。可以发布更多的优秀的作品争取上热门，让更多的人看到作品，达到推广目的。

图 5.4.13

图 5.4.14

图 5.4.15

知识窗

抖音短视频平台是已超 5 亿人次安装的手机 App，也是中国广受欢迎的原创短视频分享平台。明星在玩，平民百姓也在玩，大家在玩，人人可玩。全球潮流音乐，搭配舞蹈、表演等内容形式，还有超多原创特效、滤镜、场景切换帮你一秒变大片，为你打造刷爆朋友圈的魔性短视频，人人可上热门，不拼颜值拼创意！上亿次曝光机会，下一个网红就是你！这就是魔性的抖音。

2. 抖音视频页插入商品链接

抖音账号直接是微信账号登录便可,刷抖音时我们可以见到五花八门的视频,除了一些搞笑视频和生活中的一些小窍门视频外,另外就是插入广告的视频了,其中有链接到 App 下载的,如图 5.4.16 所示,有链接到抖音自身电商板块的购物页面的,如图 5.4.17 所示,还有直接链接到淘宝产品页的,如图 5.4.18 所示。

知识窗

不管是哪种类型的插入广告,都得预充值一定的金额。至于效果方面,仁者见仁,智者见智,对于中小创业者来讲,此类推广业务的手段,费用相对而言有点高。如何低成本地利用该平台进行推广呢?就具体的商品而言,如果是一些要操作使用的商品,可以通过巧妙地拍摄商品的使用,灵活地让镜头去展示商品和店铺,带动网友们去淘宝店搜索。

图 5.4.16

图 5.4.17

图 5.4.18

活动评价

不管是快手平台还是抖音平台,要想通过短视频平台推广商品,前提条件都是要有粉丝,像快手网红"本×大叔""许华×"等,一样也收获了很多粉丝。明星有粉丝效应,所以带货能力不言而喻,相对而言,在快手平台,做快手电商,比在抖音平台的成本投入要低一点。

活动3　其他站外推广渠道

活动背景

经过一段时间的店铺和商品的推广工作,云哥由衷地感受到推广工作真心不容易,需要考虑的因素实在太多,需要用到的工具也很多,其中站外推广渠道还有很多途径,各种推广手段并不是任何商品都适用,要具体商品具体分析。本活动将介绍一些推广渠道。

活动实施

1. 博客或微博推广

博客或微博推广是利用博客或微博这种网络应用形式开展网络营销活动。利用博客发布更新店铺或商品的相关信息,可以是商品的文字、图片、视频等,类似于淘宝的微淘,让粉丝密切关注并及时回复客户对于店铺或商品的相关疑问及咨询。像网易、搜狐、新浪博客等流量还是相当不错的,如图5.4.19所示。

图 5.4.19

2. 论坛、贴吧

利用论坛、贴吧等,撰写相关商品的软文吸引网友关注以及点击产品进店浏览,促进销售,如图5.4.20所示。

图 5.4.20

活动评价

通过博客或微博、论坛、贴吧等站外推广渠道推广商品或者店铺。费用成本相对而言会低一点,甚至免费,至于效果还是得结合具体的商品。虽然这些推广渠道感觉已让人遗忘,但用户及流量还是在的,好好利用,也许会有惊喜。

合作实训

根据店铺销售产品的特点,小组人员分工合作完成店铺公众号的申请,策划一次线上的购物活动,转发朋友圈、微信群以及发布到微博平台、论坛和贴吧等,并评估本次活动的效用。

项目小结

本项目介绍了网店发布商品和常用的营销策略及推广方法,其中发布商品只要前期拍摄工作及处理图片做好,发布只是水到渠成的事,而网店推广则是网店运营过程中重要的岗位。推广手段介绍了站内常用的直通车、钻展以及淘宝客。当然,除了这些官方营销工具外,还可以借助站外推广工具,像微信公众号、微信朋友圈、微信群、专业论坛、博客微博等渠道去导入流量,使得新网店卖家能够更快吸引客源。还有就是根据产品特点可以走下"网红路线",利用抖音跟快手平台进行带货推广。每一种推广手段都有各自利弊,在实践中,尽可能选择合适的营销工具,多管齐下,才能达到促销效果最优化。

项目检测

1. 单选题

(1)直通车的收费方式是?(　　　)

　　A. 按展示收费　　　　B. 按点击收费　　　　C. 按成交收费　　　　D. 按流量收费

(2)首次做直通车,需要充值多少钱才能做?(　　　)

　　A. 300　　　　　　　B. 500　　　　　　　C. 800　　　　　　　D. 600

(3)直通车推广标题的字数限制为多少个汉字以内?(　　　)

　　A. 10　　　　　　　B. 20　　　　　　　C. 30　　　　　　　D. 50

(4)首次做钻展推广,需要充值多少钱才能做?(　　　)

　　A. 300　　　　　　　B. 400　　　　　　　C. 500　　　　　　　D. 600

(5)在淘宝网上发布全新产品的标题最多允许多少个汉字?(　　　)

　　A. 10　　　　　　　B. 20　　　　　　　C. 30　　　　　　　D. 50

(6)图案是按点击付费的营销工具是(　　　)。

A 　　　B 　　　C 　　　D

2. 多选题

(1)参加直通车活动应该掌握的基本要求包括哪些?(　　　)

　　A. 产品图片要求

B. 产品推广的标题描述要求

C. 店铺的要求,店铺信用评价和销售记录

D. 公司实力和知名度需要达到一定的水平

(2)淘宝新店引流有哪些免费的渠道?(　　　)

A. 微博话题　　　　　　　　　　B. 微信朋友圈

C. 微淘社区　　　　　　　　　　D. 直通车

(3)在通常情况下,淘宝直通车的图片视觉优化最重要的部分就是商品的首图,它不但是卖家了解商品的"开始",也是直通车推广该商品的唯一"入口",因此在设计时要注意(　　　)。

A. 要将商品的卖点作为重点展现　　B. 美化图片的样式

C. 懂得突出商品与背景的色彩差异　　D. 提炼文字的信息

(4)商品上下架时间维度包括(　　　)。

A. 每周的时间维度　　　　　　　　B. 每天的时间维度

C. 每月的时间维度　　　　　　　　D. 每年的时间维度

(5)在通常情况下,撰写标题需要注意(　　　)。

A. 相关性　　　B. 适用性　　　C. 规范性　　　D. 简洁性

3. 判断题

(1)淘宝直通车只能在淘宝站内展示。　　　　　　　　　　　　　　(　　　)

(2)直通车推广产品的投放时间段,可以由卖家自定义设置。　　　(　　　)

(3)在通常情况下,周末人们都比较闲,逛淘宝的人会比较多,所以商品上下架安排在周六周日比较多一点,周一到周五安排则比较少。　　　　　　　　　(　　　)

(4)在标题"妖精的口袋白色女士加厚毛衣2020秋冬季新款女慵懒宽松外穿针织衫"中,属于营销词的是2020秋冬新款。　　　　　　　　　　　　　　　(　　　)

(5)淘宝直通车是一种展示免费、点击付费的推广工具。　　　　　(　　　)

4. 简答题

(1)直通车是按什么收费的? 收费方式如何计算?

(2)哪些操作能起到优化淘宝直通车关键词的作用?

(3)列举卖家添加直通车关键词的方法。

(4)移动设备可通过哪些维度来优化质量得分?

(5)淘宝直通车定向推广的无线资源位除分布在手机版网页上,还分布在一些优质 App 上,请列举卖家通过淘宝直通车定向推广的宝贝可以出现在哪些 App 上。

项目6 管理在线交易与服务

项目综述

随着推广营销工作的步步推进,网店产品曝光率得到了大幅增长,网店的访问人数不断增加。当客户被引流到网店后,可能对产品属性、交易流程等不熟悉,客户需要进一步了解商品信息。此时,为了提高客户的转化率,需要客服人员熟练使用在线工具,热情接待客户并做好沟通,引导客户在网店购物,解答销售过程中的疑问,做好售后服务。当客户成功下单后,客服人员要依据客户需求及时处理订单,如查询产品库存、备注客户特殊要求、查询物流信息等。

根据《网店运营推广职业技能等级标准》(初级)的网店客户服务模块考核要求,围绕订单处理、服岗前准备、客户交易促成、客户问题处理单元内容讲解客户服务操作技能。

项目目标

本项目从管理商品、客户服务、订单处理 3 个任务结合实例进行讲解,掌握网上开店中的商品管理、客服操作、订单管理技能。

知识目标

➢ 了解网店商品的管理方式
➢ 了解网店商品的基本信息
➢ 了解商品订单处理流程
➢ 了解客户服务的主要工作
➢ 了解客服的沟通技巧

能力目标

➢ 能够掌握网上订单的管理工作

- ➢ 能做好网上订单不同状态的应急处理
- ➢ 能做好客户的售前服务工作
- ➢ 能做好客户的售中服务工作
- ➢ 能做好客户的售后服务工作

素质目标

- ➢ 养成"分析数据、调整策略"的职业素养
- ➢ 树立底线思维,在商品信息处理中不夸大其实、不弄虚作假
- ➢ 树立正确的网店服务观念,发挥客服的沟通功能
- ➢ 培养诚信经营、客户至上的电商精神

项目思维导图

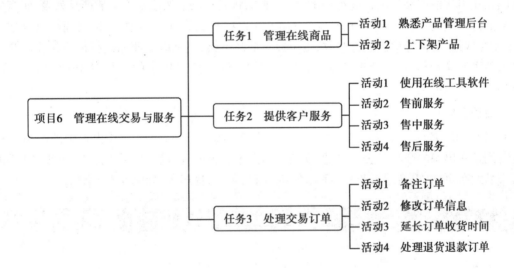

任务 1 管理在线商品

情境设计

　　部门经理安排李勇先熟悉了解店内的商品,以便更好地为客户服务。细心的李勇发现,店内正在售卖的商品多达上百种,看得眼花缭乱。于是心想:网店是如何管理这些在线商品呢? 他便向有经验的同事们请教,热心的同事告诉李勇:"一个商品上架看似简单,其实意味着商品管理的开始。网店有展示给顾客的前台页面,也有店铺管理的后台页面。客服工作的大部分内容都是跟店铺管理后台的操作有关的。"于是,为了进一步了解客服工作,提高工作效率,李勇决定先熟悉网店的产品管理后台的各项功能操作,熟练掌握管理在线商品的知识和技能,为客户服务工作打好基础。

任务分解

淘宝店铺管理后台就有"产品管理"操作入口,"产品管理"中几个常用的功能如:出售中的产品,仓库中的产品,已卖出的产品,体检中心等,通过相应的操作,可以对商品信息如售价、库存数量、规格等信息进行修改,也可以将商品下架,还可以对商品进行体检优化。

主要步骤:在熟悉使用产品管理后台后,对在线商品进行编辑,店内商品体检,产品上下架、删除等设置操作。

活动 1 熟悉产品管理后台

活动背景

由于店内的在线商品众多,淘宝店铺管理后台将产品按照交易情况分为"出售中的产品""仓库中的产品""已卖出的产品"等产品管理页面。其中,"出售中的产品"页面将展示店内正在出售的产品列表,"仓库中的产品"页面将展示已下架或未下架的产品列表,而产生交易的订单则展示在"已卖出的产品"页面。在这些产品管理页面中,可以对商品信息如售价、库存数量、规格等信息进行修改,也可以对商品下架,还可以对商品进行体检优化。为了深入熟悉产品管理后台,李勇分别从产品管理栏目中的"出售中的产品""仓库中的产品""已卖出的产品"等页面进行了解。

活动实施

(1)查看出售中的产品,进入"卖家中心"后台,选择"产品管理"→"出售中的产品",将会看到正在出售的商品列表,如果发现商品信息不完善或者有误,还可以点击"编辑产品"进入产品发布页面,重新编辑产品名称、价格、库存、名称、描述等,如图 6.1.1 所示。

图 6.1.1

（2）查看仓库中的产品,进入"卖家中心"后台,选择"产品管理"→"仓库中的产品",在这里看到的产品并非正在出售中,而是准备上架或已经下架的产品,如图 6.1.2 所示。

图 6.1.2

（3）查看已卖出的产品,进入"卖家中心"后台,选择"交易管理"→"已卖出的产品",该列表将展示店内已卖出的商品及对应的交易订单信息,如图 6.1.3 所示。

图 6.1.3

（4）查看历史产品记录,仓库中的产品如果 90 天内没有被修改（即没有编辑、上架/下架、成交等行为）,或者产品已删除且超过 31 天,此类商品被称为历史产品。历史商品将会被迁移到"卖家中心"→"产品管理"→"历史产品记录"中,历史产品无法再删除、编辑、上架、下架等操作,只能查看产品原有信息,如图 6.1.4 所示。

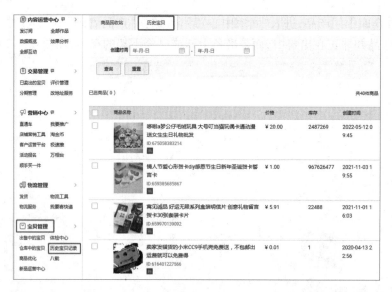

图 6.1.4

（5）体检中心，打开"卖家中心"→"产品管理"一栏，选择"体检中心"，可以在这里查看到店铺的各种违规区域，比如需处理的警告，违规记录，市场管理记录，待跟进申诉等，如图 6.1.5 所示。此外，体检中心还提供了店铺和商品优化的建议，卖家可以根据需要查看对应的服务，便于知悉店铺目前的健康情况，如图 6.1.6 所示。

图 6.1.5

店铺和商品优化建议

综合优化：您当前没有优化建议
请密切关注方重要理以及宝贝优化建议，建议您尽快修改，有助于提高买家的购物体验和购买转化率
立即查看

商品体检：您当前没有商品优化建议
基于淘宝商品大数据给店铺更有效的诊断优化，及时进行商品优化体检将有利于您的店铺经营
立即查看

搜索体检：请优化商品描述词
优化符合自己宝贝属性的描述词可以提高搜索排名，滥用关键词和堆砌不相关的词将会降低搜索排名
立即查看

合规体检：请持续关注店铺合规情况
商家可以查询到通过网上法庭诉讼的电子商务交易纠纷案件，及时响应，积极应诉可避免自己权益受损
立即查看

订单体检：请关注订单健康状况
商家可以对可能涉嫌虚假交易的订单进行主动删除，被清洗的订单所对应的销量、评价、评论、店铺动态评分将会被删除
立即处理

服务指标体检：您的店铺优化等级 低
展现您的店铺在客流、交易转化、退款、纠纷投诉指标与同行优质店铺的差距，帮助您优化改善
立即处理

资质体检：您当前无需补充资质
为洁净市场环境，提升您的商品品质，请及时补充商品的资质信息，还有机会获得更多的展现机会
立即查看

营销体检：您有 5 个指标待优化
多参加官方营销活动，可以让您的店铺被更多的消费者关注，帮助您迅速提升店铺流量和转化率
立即处理

滞销商品：您当前没有滞销商品
滞销商品是90天无成交、无浏览、无编辑的商品，请您及时关注，合理进行优化
立即查看

物流体检：请关注物流体检情况
改善物流评分，提升时效，减少问题件！大数据给您最智能的解决方案，请查收！
立即查看

图 6.1.6

活动评价

淘宝店铺管理后台是店内商品管理的有效工具,客服人员应熟悉商品管理后台的各项功能,进一步了解客服工作,提高工作效率。

活动2　上下架产品

活动背景

在李勇熟悉了网店的产品管理后台的各项功能后,部门经理交给李勇一个工作任务:店铺经过盘查库存,筛选了一部分断码的商品作为促销款进行限时秒杀活动,但是在活动开始前,需要将这部分商品执行"下架"操作。部门经理告诉李勇,商品的上下架可以进入淘宝卖家中心的"出售中的产品"页面进行操作,也可以通过千牛工作台进行管理。

活动实施

(1)登录千牛工作台,打开接待中心界面,在页面左下角单击"出售中的产品"按钮,即可进入"出售中的产品"页面,如图6.1.7所示。

(2)在"出售中的产品"页面中,勾选需下架商品前的复选框,单击"下架"按钮将商品下架,如图6.1.8所示。

(3)下架后的产品存放于仓库中,可以进入"仓库中的产品"查看,如图6.1.9所示。

(4)勾选仓库中需重新上架商品前的复选框,单击"上架"按钮,即可重新上架所选商品。如上架产品较多时,可单击全选或者选择多个产品,如图6.1.10所示。

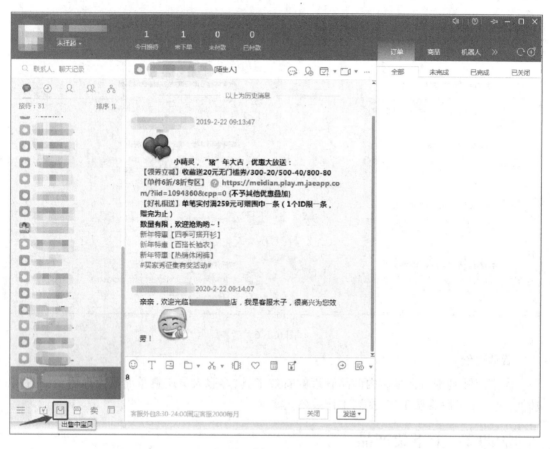

图 6.1.7

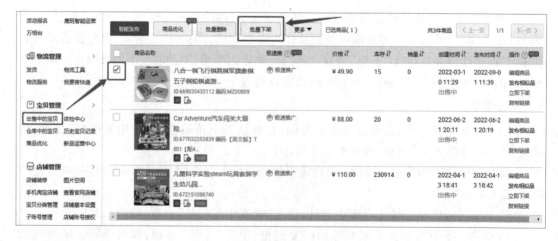

图 6.1.8

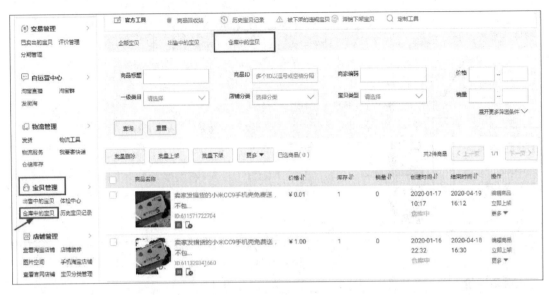

图 6.1.9

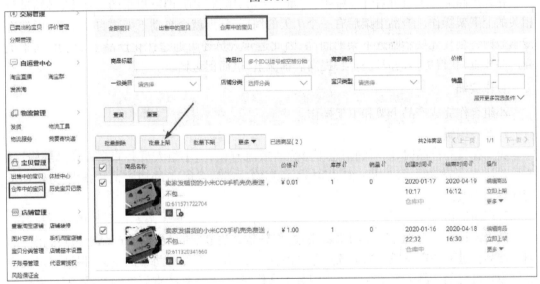

图 6.1.10

（5）淘宝店铺中的商品，一般不建议删除，可将商品下架放入仓库中，等到需要时再重新上架。如果不再售卖该商品，确实需要将其删除时，可在"出售中的产品"或"仓库中的产品"页面单击"删除"按钮删除，如图 6.1.11 所示。

图 6.1.11

活动评价

在线产品需要进行针对性的维护,在新款上市、爆款热销、旧款退市的轮换中,必须进行相关的上下架操作。产品上架后有一个 7 天的周期,到期就会自动下架再自动下架,而淘宝搜索规则将会优先展示临近下架的商品,因此运营人员还可通过优化产品上下架时间来提高产品权重,获得更多的展现机会,提高店铺流量,进而促进销量。

合作实训

小组合作完成产品上架和下架操作。

1. 产品编辑

美工在发布产品时,填写的信息不够完善或者有误,由小组人员共同完成产品编辑、修改操作任务。分组时,每 3 人一组,其中 A 负责修改产品名称;B 负责产品价格的修改;C 负责库存的修改。

2. 产品退市

随着设计部门对现有产品的更新换代,部分款式更新、质量更好的产品上市后,相应的旧款产品将进入停产阶段。当某款产品的库存清空后,需要及时将产品下架,保证客户不会买到没货可发的产品。下架任务由小组分工合作完成,A 负责清点停产的产品,汇总停产的产品名称、停产时间、当前库存等;B 负责跟进产品的销售情况;当达到下架条件后,通知 C 负责下架操作,同时做好与仓储中心的沟通,跟进该款产品的后期退换货工作。

任务 2   提供客户服务

情境设计

随着营销工作的正常开展,客户访问网店的次数开始增加,订单亦随之开始出现,如果客服工作没有一个流程化、系统化的安排,很容易出现订单错误的情况,所以要系统地对客服组进行工作介绍。张小玫作为客服中心主管,对客服组做了全面的工作分析,明确了各岗位的工作职责。接着张小玫对网店产品做了较全面的介绍,让客服熟悉自己产品的各种信息。同时对可能出现的客户问题进行了分析,如客户不会挑选产品、不会使用产品、不熟悉退换货流程等,让客服事先熟悉各类客户问题,做到心中有数。经过系统培训后,各客服组开始了正式的客户服务工作。

任务分解

张小玫根据订单的各个阶段工作进行汇总,将客服工作分为售前、售中、售后三个阶段,客服组共 10 人,机动完成各项工作。在工作过程中,客服碰到疑难问题交由负责人解决,并通过部门之间协调完成。组长之间互相联系互相配合,共同担任整个客服组的任务。

主要步骤:各客服成员必须熟悉各种沟通软件的使用,如办公 OA 系统、ERP 软件、淘宝千牛软件、QQ 等。结合《网店运营推广职业技能等级标准》(初级)的客户交易促成单元内容,讲解商品推荐原则、商品推荐策略、关联销售原则、订单催付等内容。根据客服组的工作要求,完成熟悉产品、导购、订单备注、订单审核、发货跟踪、退换货处理、评价管理、促销信息推送等工作。

活动 1 使用在线工具软件

活动背景

目前,在线沟通工具是客服人员最为常用的沟通方式,常用的沟通工具包括各平台的专属工具,如淘宝阿里旺旺卖家版、京东咚咚、微信客服等。千牛工作台是淘宝网为店主量身定做的免费网上商务沟通软件,为了深入熟悉千牛工作台的操作,张小玫分别从软件下载、安装、常用设置等方面进行了解。

活动实施

(1)下载软件,登录淘宝官网客户端下载页面,下载千牛工作台电脑版,如图 6.2.1所示。

图 6.2.1

图 6.2.2

（2）下载完成后，直接双击运行安装，完成后在桌面显示千牛工作台的图标，如图 6.2.2 所示。

（3）双击"千牛工作台"图标，运行千牛工作台软件，输入会员名及密码，单击"登录"按钮，登录页面如图 6.2.3 所示。

（4）工具条有 4 个小图标，分别是接待中心、消息中心、工作台及搜索栏，如图 6.2.4 所示。

图 6.2.3

图 6.2.4

（5）打开接待中心图标，可以看到自己的旺旺好友列表和即时信息提示，如图 6.2.5 所示。

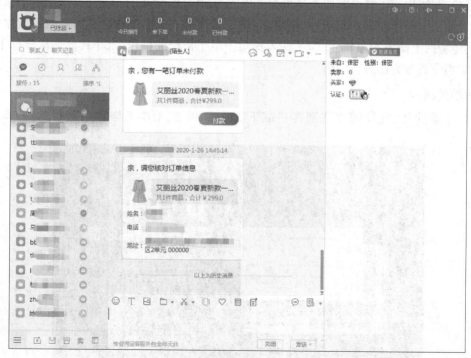

图 6.2.5

（6）打开消息中心，用户可以通过点击"消息中心"界面右侧的"消息订阅"按钮，开通设置需要接收的消息源，如图6.2.6所示。

图6.2.6

（7）打开工作台，此界面记录了每日的详细信息、流量、成交记录和退款等，如图6.2.7所示。

图6.2.7

（8）点击搜索图标，在框里输入插件名称或服务名称，就可搜索出插件或服务，如图6.2.8所示。

如图 6.2.8

（9）系统设置，点击工作台右上角的"系统设置"按钮，如图 6.2.9 所示。

图 6.2.9

（10）点击"基础设置"可以设置是否开机时自动启动千牛、指定浏览器等，如图 6.2.10 所示。

（11）点击"接待设置"可以设置接待状态、会话窗口模式、会话消息提醒形式、声音及防骚扰等，如图 6.2.11 所示。

（12）设置"个性签名"选项，如图 6.2.12 所示。

（13）在"自动回复"选项中，点击"自动回复短语"，可新增自动回复短语，如图 6.2.13 所示。

（14）点击"自动回复"选项，自动回复可使用团队版本，也可以使用个人版本。个人版本自动回复设置的方式：在使用场景左侧勾选后，选择已新建的自动回复短语，如图 6.2.14 所示。

（15）导入快捷短语：在聊天窗口中，随便点击任一个联系人，在输入区域点击"快捷短语"按钮，可看到系统已经预设好的一些短语，利用对话框右下角的新建或导入等按键，创建自己的短语，如图 6.2.15 所示。

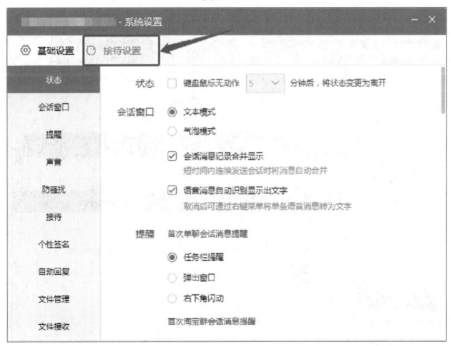

图 6.2.10

图 6.2.11

（16）点击新建后会看到如图 6.2.16 所示界面，除了可以写短语以外，也可以对字体进行编辑，还可以给所建的快捷短语配置快捷编码，或者进行分组。

图 6.2.12

图 6.2.13

图 6.2.14

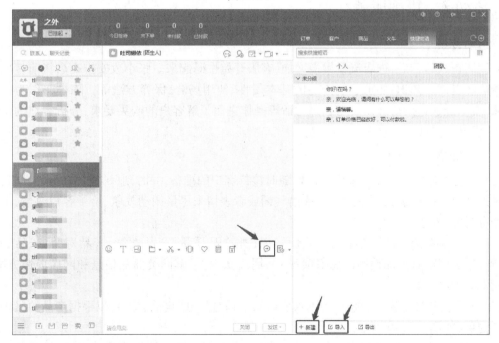

图 6.2.15

图 6.2.16

活动评价

本活动通过对千牛工作台的操作练习,帮助学习者掌握软件的下载、安装、设置及常用操作,能够与客户快速、高效沟通。大部分在线沟通工具功能类似,能够实现文字、图片等信息最直观的沟通。如果结合微信、QQ 软件等即时通信工具,还能实现语音、视频的交流,从而解决一些难以图文描述的问题,基本上实现了与客户无障碍交流。

活动2　售前服务

活动背景

网店正式运营后,进店流量慢慢增加,客服开始忙碌起来。张小玫安排 6 名售前客服学习网店经营产品知识,要求了解产品的基本属性、使用场合、保养方法等。陈小明作为售前客服,希望能通过接待客户及与客户对话等操作进而了解客户的购买要求,分析客户的购物心理,引导客户找到适合自己的产品。

活动实施

(1)接待客户。售前客服应该做好随时接待客户的准备,并时刻保持热情、耐心、周到的服务态度,反应要及时,可以通过一些语气词或者表情来尽量调动气氛,给予客户热情、真诚的服务,如图 6.2.17 所示。

(2)介绍商品。掌握商品的专业性知识(如产品质量、产品性能、产品寿命、产品安全性、产品尺寸规格、产品使用注意事项等)和周边知识,了解同类商品信息和网店促销方案,如图 6.2.18 所示。

(3)提供购买建议。如客户咨询衣服购买的适合尺寸,售前客服可以根据产品的尺码表给予建议,如图 6.2.19 所示。

(4)客户问价。如果客户发起议价咨询,可告知网店当前的优惠活动,并将优惠券领取方法发给客户,如图 6.2.20 所示。

图 6.2.17

图 6.2.18

网上开店

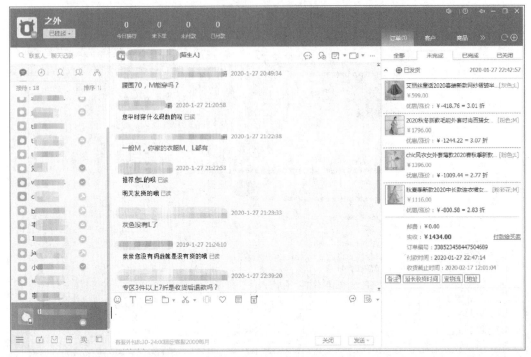

图 6.2.19

图 6.2.20

（5）查看客户信息，为了准确回答客户问题，有时需要了解客户信用等级、最近交易商品和客单价、正在浏览的产品等信息，如图6.2.21和图6.2.22所示。

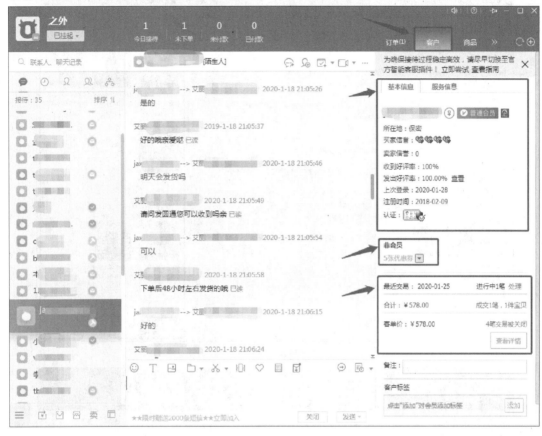

图6.2.21

（6）引导客户购物。如客户在参加优惠活动时，总金额达不到满减条件，客服可以建议客户拼单，挑选一些适合差价的产品给客户，如图6.2.23所示。

（7）咨询发货快递。部分客户不喜欢网店默认的快递公司，会要求客服发特定的快递公司，客服在能满足对方要求的情况下尽力满足，如图6.2.24所示。

（8）咨询到货时间。部分客户由于急用产品，会咨询客服具体的发货、到货时间，此时客服应该告知具体发货时间，但由于物流的不确定性，不必告知准确的到货时间，如图6.2.25所示。

（9）标记客户。在日常接待过程中，每个客户都带着不同的问题咨询，因此当咨询量较大时，客服容易手忙脚乱。此时，客服可以对较重要的顾客或者需要特殊注意的顾客进行标记，并可以使用不同的颜色类型以作区分，如图6.2.26所示。

（10）当客户咨询完后，觉得满意会直接下单，当你收到订单信息时表示客户已成功下单，如图6.2.27所示。

（11）了解订单状态。当客户下单后，客服从消息通知中能够及时了解订单的当前状态，如图6.2.28所示。对于部分迟付款的客户可进行友好提示，促成订单交易成功。

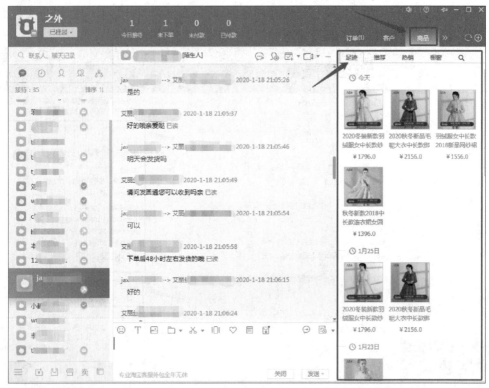

图 6.2.22

图 6.2.23

图 6.2.24

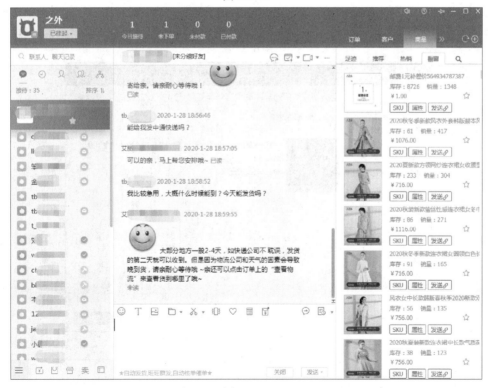

图 6.2.25

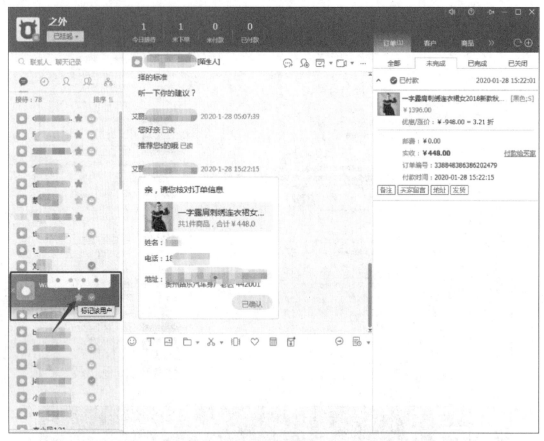

图 6.2.26

图 6.2.27

图 6.2.28

活动评价

售前服务相当于销售,客服就相当于售货员。售前客服的主要工作是回答顾客拍下产品之前问的各种问题,促成交易。客户对一家店铺的初始印象和服务意识的判断,直接决定接下来的购买行为,所以售前客服要热情、礼貌,具备专业知识和良好的沟通应变能力,才能不断提升整个店铺的转化率和客单价。

活动3 售中服务

活动背景

随着客服售前服务工作的顺利开展,客户下单量开始增加,咨询订单的客户也随之增多。此时客服主管张小玫安排了王云为客户提供售中服务,包括顾客拍下产品在确认收货之前整个过程的相关工作,例如:顾客付款、支付流程、要求备注、快递、发货、确认收货前过程的所有问题。为了提供高质量的售中服务,要求王云在售中接待工作中必须热情、周到、贴心、细心、耐心。

活动实施

(1)当客户成功下单并付款后,售前工作就已经结束了,如图 6.2.29 所示。此时进入了售中服务工作。

(2)确认收货地址。为了提高配送地址的准确性,需要与客户确认收货地址和收货人姓名以及联系电话,以避免不必要的争议,如图 6.2.30 所示。

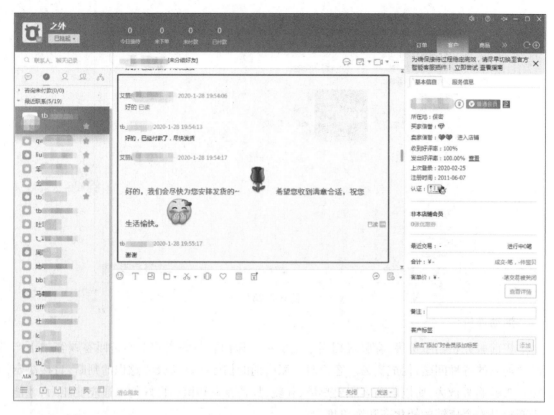

图 6.2.29

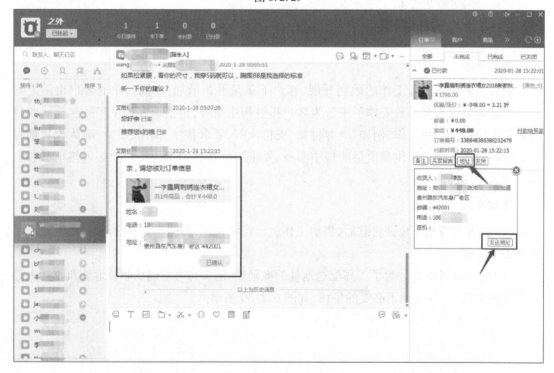

图 6.2.30

（3）确认快递公司。如客户要求发指定的快递公司,必须在订单中添加备注,提醒配送部门在配送时能够根据客户的要求发货,如图6.2.31所示。

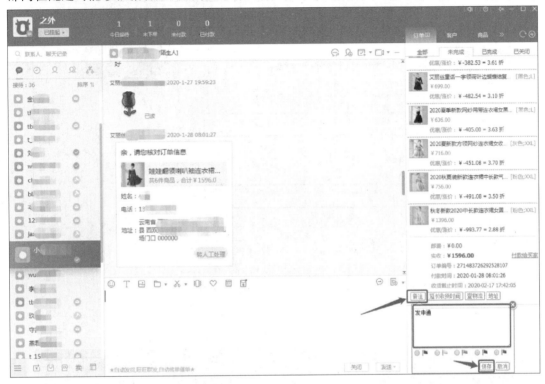

图 6.2.31

（4）更改订单。遇到有客户要求更改订单,如更改订单产品的款式、颜色、收货地址等,必须查询核对订单情况。如果查询到没有对应的交易信息,务必要求客户用拍下订单的账号咨询,避免有人冒充客户更改订单信息或者泄露客户信息,如图6.2.32所示。

（5）更改订单。当客户信息核对无误后,联系配送部门该订单是否已经发货（可能出现已经发货,但还没将快递单号录入的情况）,在确认没发货的情况下,可帮客户更改订单,如图6.2.33所示。

（6）礼物赠送。网店有时为了配合促销活动会进行赠送小礼物（红包袋、祝福卡、饰品等）,当客户经常光顾网店购物或一次购物数量较大时,客户会要求额外赠送小礼物,在网店允许的情况下会满足客户的要求,此时客服要对订单进行备注,如图6.2.34所示。

（7）尽快发货。买家付款并确认信息后,客服应及时通知发货部门尽快为买家发货,保证买家在最短的时间内收到购买的商品。

（8）查询物流信息。当配送部门发货后,客户会咨询货物的物流信息,客服可在对话窗口中直接查询物流,点击"发送物流信息"告知客户,如图6.2.35所示。在物流信息中,可查询到货物的当前状态:收件、途中、收货等,了解从货源地到收货地之间的每一次物流变化。如有突发状况（丢件、派错件、损坏等）,可随时联系物流,做好补救措施。

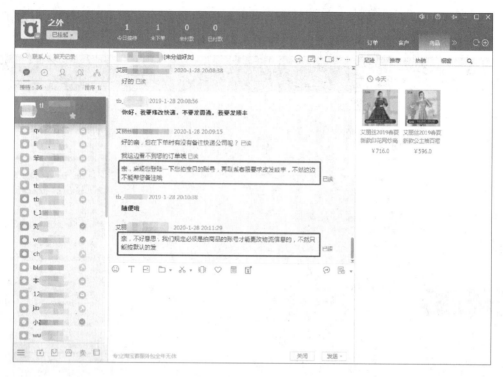

图 6.2.32

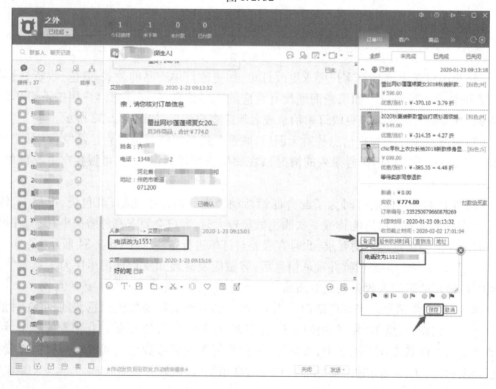

图 6.2.33

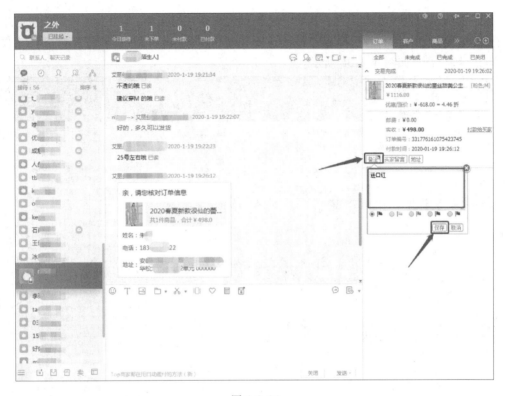

图 6.2.34

图 6.2.35

（9）提醒客户及时签收快递。当货物运输到客户所在城市后，客服人员可以以短信或旺旺消息提醒的形式通知客户，商品已经到达所在城市，马上进行配送，提醒客户留意签收快递，防止货物遗失，如图6.2.36所示。

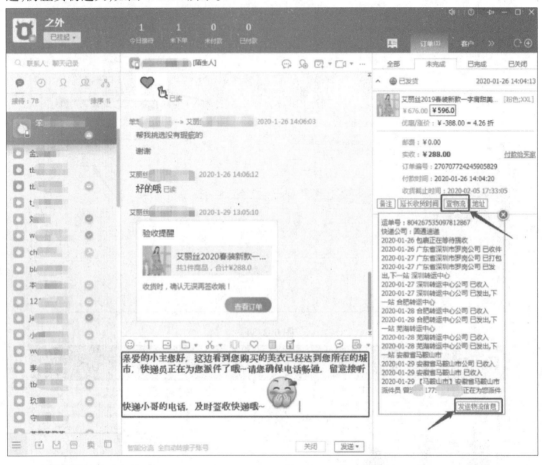

图6.2.36

（10）转客服。在客户咨询中，部分客户由于快递问题、货品问题等，需要联系指定售后客服，但客服分流仍然会分到其他客服。这时客服需要在对话窗口中将客户转派给其他团队成员，点击方框中的位置，在弹出的客服名单中，选择指定的客服即完成转客服操作，如图6.2.37所示。

活动评价

售中服务是电子商务交易中重要一环，服务质量的高低直接影响客户对网店的信任感，所以售中的服务要有足够的耐心，提供体贴、周到的服务会提高客户的忠诚度。大多数顾客会认为自己是上帝，即使偶尔会提出一些额外甚至是苛刻的要求，如手写贺卡、特殊包装盒、祝福语等，我们应该在不失原则的情况下，尽量满足客户。

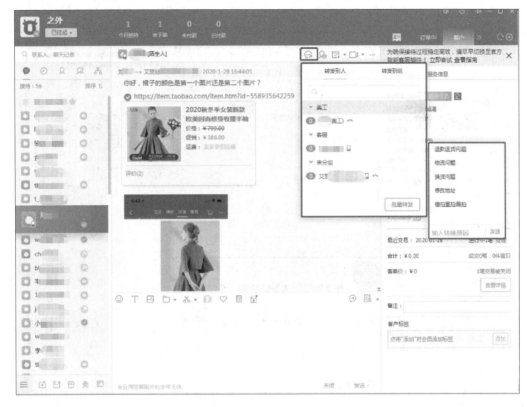

图 6.2.37

活动 4 售后服务

活动背景

当客户成功收到卖家配送的产品后,此时进入了售后服务工作阶段。客户在使用过程中,由于自身不熟悉产品使用原因或产品的质量问题,经常会遇到咨询安装方法、使用方法、不合穿戴、质量不满意等情况。汪婷婷带领售后客服处理售后工作,包括技术指导、产品保养、注意事项等常见问题,以及退换货、中差评、投诉纠纷交易处理等。本着发展长期客户的原则,汪婷婷要求售后客服提供周到、贴心的服务,做到真诚、倾听、沟通、宽容、理解。

结合《网店运营推广职业技能等级标准》(初级)的客户问题处理单元内容要求,完成售前商品问题处理方法、售后商品问题处理方法等客服知识学习。

活动实施

(1)退换货。当客户收到货后,发现质量问题或不合适时,会咨询客服退换货问题,如图 6.2.38 所示。

(2)告知退换货流程。此时,客服应该告知客户本网店退换货的要求、操作流程及退货地址,如图 6.2.39 和图 6.2.40 所示。

(3)使用问题。当客户在使用商品过程中,可能会出现使用不当、不会保养等情况,客服应该积极给客户做好方法指导,如图 6.2.41 所示。

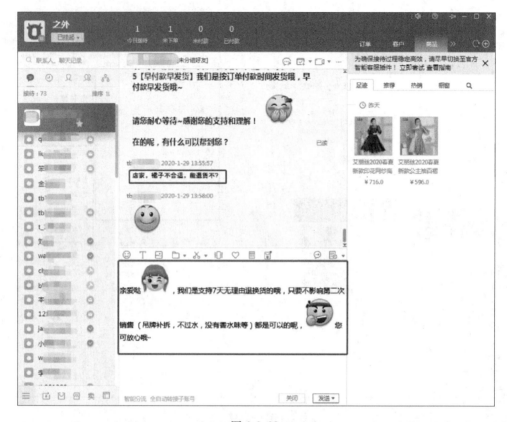

图 6.2.38

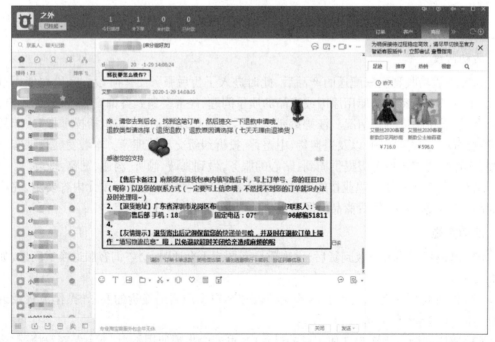

图 6.2.39

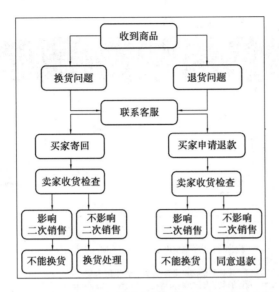

图 6.2.40

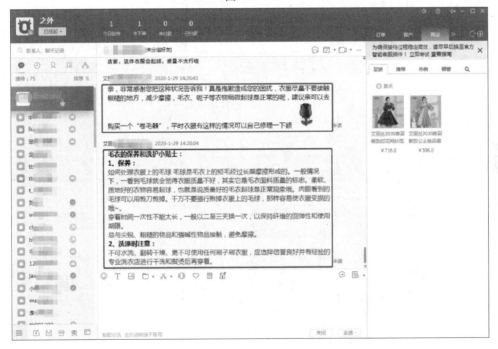

图 6.2.41

（4）发票问题。新电商法明确规定："电子商务经营者销售商品或者提供服务应当依法出具纸质发票或者电子发票等购货凭证或者服务单据。"如买家需要发票，卖家有义务提供，具体怎么开票可以咨询税务部门。为给顾客提供更好的服务，部分商家提供电子发票功能，作为客服应该熟悉电子发票的查询、下载路径，如图 6.2.42 所示。

（5）评价解释。客户购物完成后，会在商品的评论区域留下购物反馈，通过评论来向店铺和其他买家传达相应的信息，这些评论信息一般分为好评、中评和差评。售后客服在看到这些评论后，需要对其中的问题作出相应的解释和回复，对客户的问题及时解决，第一时间维护品牌形象,如图 6.2.43 和图 6.2.44 所示。

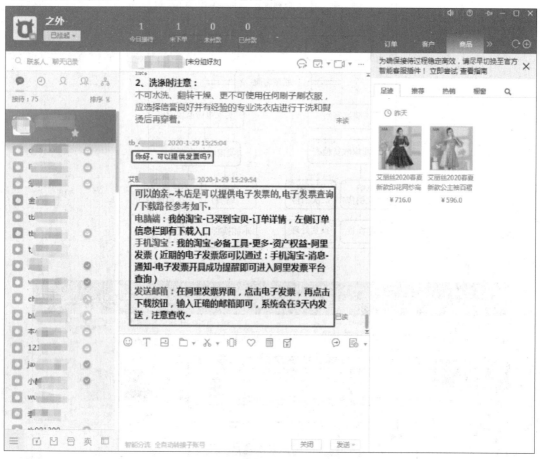

图 6.2.42

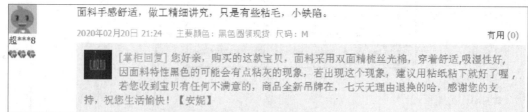

图 6.2.43

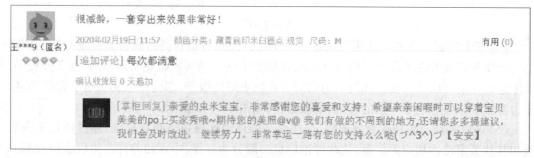

图 6.2.44

知识窗

针对先于买家的好评:

建议评价:感谢您购买本店的商品,亲是个不错的买家哦,收到商品若有任何问题请您立即与小店的售后工作人员联络,我们一定会尽力为您处理。也别忘了给小店点亮五星,互相加油鼓励一下? 期待您再次光临。

针对买家的好评:

建议回复:非常感谢您对我们的评价,因为您的赞许让我们充满动力,您的批评让我们更加完美,我们不仅邮寄包裹,还邮寄快乐! 专业的服务就在您身边,期待您的再次光临!

针对买家的差评:

当客户对产品不满意时,会对卖家进行差评,如图6.2.45所示。客服面对这种情况应该及时与客户沟通,了解具体原因。

不是第一次在虫家买衣服,但对于有质量问题的时候,虫家的客服特点实在无法接受。 1.永远官方回答,从不考虑任何消费者的疑惑,也不回答;2.对于质量问题,总是说这是正常范围,你不接受怎么不提前咨询;3.我什么都做不了,这是自己的选择。一共有三次不好的经历:1.一件两千的毛衣,刚穿没多久,领子脱线,客服要求我自己支付往返运费……反复谈过多次,最后升级到淘宝投诉。2.一条黑色牛仔裤,严重的化学味道,洗多次仍有,客服沟通无果,最后自己直接扔掉。3.这次,牛仔裤下水有褪色,本着接受问题,穿上一天后,手指甲都带着褪色的污染……沟通客服依旧无果。4.不知道虫家的客服为何如此不理解虫粉的心情,在客服的态度上,所有的反馈都是无理取闹。这种态度,做事方式,实在心寒! 难道对于虫粉的爱只体现在直播里? 请看我的购买记录,最近越来越伤心,希望虫家反思,仅伤我一个,不要愧对虫粉的热爱。

2020年01月18日 17:56   颜色分类:牛仔蓝[预售1月7日发发货] 尺寸:M   有用(0)

[掌柜回复] 您好,评价的这款商品没有收到您反馈有任何问题,因购买的另款深色牛仔裤初次清洗有些掉色而给出的差评,我们也很无奈。1、您购买的裤子采用的是深色系牛仔面料缝制,因面料特性在前期清洗时是会有些浮色脱落的,对人体是没有伤害的,您可以放心穿着。清洗时建议反面清洗,此问题后期会改善的哈。2、关于您反馈毛衣返修的问题,衣服是在您签收近3个月后来跟我们反馈穿着后出现问题,也是为了给您一个好的购物体验帮您安排返修,并及时处理好您反馈的问题了哈。3、之前反馈的黑色牛仔裤有味道,这个客服之前也是有跟您解释,牛仔面料的染整工艺独特,面料在经过高温水洗退浆加软固色等一系列程序后会略带面料特有的味道,属于正常现象,不会对人体有任何的伤害,且后期多清洗几次都是会有所改善的喔。【小七】

图6.2.45

活动评价

售后服务是客服工作中的重中之重,能够为客户解决后顾之忧,从而提高顾客的忠诚度和黏性,不断地将新客户转变为老客户,为网店储备大量的回头客。售后客服需要较强的服务意识和主人翁精神,要学会换位思考,从买家的角度来考虑问题。在服务过程中,如果问题本身不是客户主动造成的,只要不影响网店的切身利益,可以用道歉、赔礼、沟通来解决。

合作实训

利用千牛软件,模拟客服角色、完成售前、售中、售后服务工作。

1. 千牛工具的设置

"双十一"即将来临,千牛工具也要做好相应的回复设置,回复内容必须要紧贴"双十一"活动内容,因此小组决定共同完成千牛设置任务。其中,A负责设置个性签名,将活动内容提炼展现;当活动开始时,客服接待量可能较大,为避免等待回复时间过长,C负责设置自动回复;为提高客服回复速度,D负责将常用的回复设置成快捷短语。

2. 售前接待角色模拟

客户A新房装修,需要购置一批家具。朋友向他推荐美家家居网店,客户A不知道买布艺沙发好还是皮质沙发好,希望客服能够给予专业的购买建议,于是向客服B咨询。请同学们两两合作,分别扮演客户A和客服B进行售前接待交流。

3. 售中接待角色模拟

经过售前协商,客户A最终下了订单并成功付款,为了避免不必要的争议,客服B需要与客户确认收货地址是否正确;此时,客户A发现电话号码填写错误,要求更改,于是客服B按客户要求备注更改内容;此外,客户A反映网店默认发的韵达快递不方便收件,客服B则需要按客户要求改成圆通快递,做好订单备注,并及时通知发货仓库。请同学们两两合作,分别扮演客户A和客服B进行售中接待角色模拟练习。

4. 售后接待模拟练习

过了几天,客户A终于收到了快递,客户A迫不及待打开包裹验收货物,却发现商品破损了,于是找网店客服协商如何处理,客服B接待了客户A。客服B十分诚恳地向客户A道歉,解释原因,并建议客户换货处理。请同学们两两合作,分别扮演客户A和客服B进行售后接待角色的模拟练习。

任务3　处理交易订单

情境设计

客服工作不仅包括售前的客户沟通与产品销售,在客户下单后,客服还要针对不同情况对交易订单进行处理。因此,随着网店的客流量不断上升,交易的数量不断增加,如何按照客户的要求及时处理交易订单,是客服工作的一个重点。小美经过一段时间的学习,已经有了基本的客户服务知识,但是对具体问题的交易订单还不会处理操作,接下来,请同学们跟着小美一起学习掌握处理交易订单的相关操作技能。

任务分解

围绕订单成交产生的问题处理大致有快递物流的问题、产品的问题、退换货问题、退款问题或更换订单内容等方面。

主要步骤:备注订单、延长收货时间、退货退款处理。

活动1　备注订单

活动背景

孙丽作为网店客服的一员,她在工作中发现随着网店订单量的增大,每一笔订单涉及的环节都较多,会涉及不同环节人员的日常工作交接。因此孙丽决定通过使用备注说明买家目前订单的情况,便于后期的商品跟踪与管理。

活动实施

1.备注内容及格式

订单备注的操作是对订单的标记,只对卖家可见,为处理交易订单提供便利,提高沟通效率,因此备注内容也不应过于冗杂,而要简洁明了,为了让备注更加清晰明朗,在备注内容结尾处一定要注明备注人的名字、备注时间等。

➢　需送礼物的订单备注格式如:送××,××备注,××日期。

➢　需修改商品规格备注格式如:换成××规格,××颜色,××备注,××日期。

➢　指定快递的订单备注格式如:发××快递,××备注,××日期。

➢　退换货订单备注格式如:收到退货换××码,××备注,××日期。

2.备注类型区分

针对不同类型的订单问题,有不同的备注方式,在备注框内可以使用不同颜色的旗子进行区分,如图6.3.1所示。

图6.3.1

3.接待窗口订单的备注方法

进入接待窗口,单击"订单",找到对应产品的订单,单击"备注",填写备注内容,选择旗子颜色,保存,如图6.3.2所示。

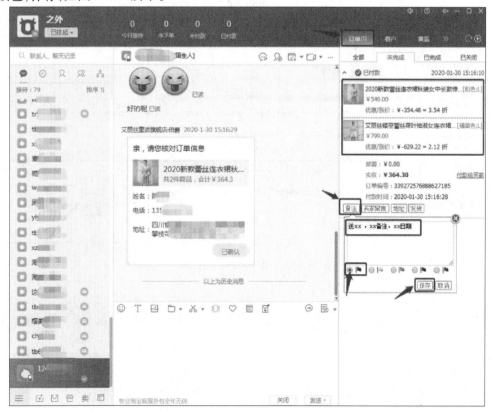

图6.3.2

4. 工作台界面订单的备注方法

进入千牛卖家工作台,单击"订单"→"已卖出的宝贝",找到对应订单,点击订单"详情",进入交易详情页面,点击"标记",进入"编辑标记"页面,选择旗子颜色,填写备注内容,保存,如图6.3.3—图6.3.6所示。

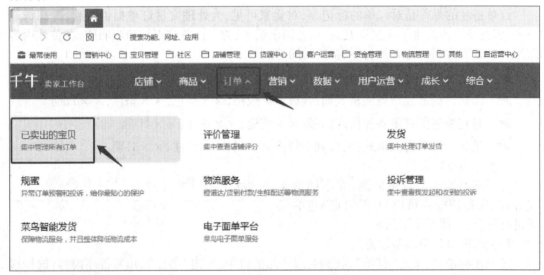

图 6.3.3

图 6.3.4

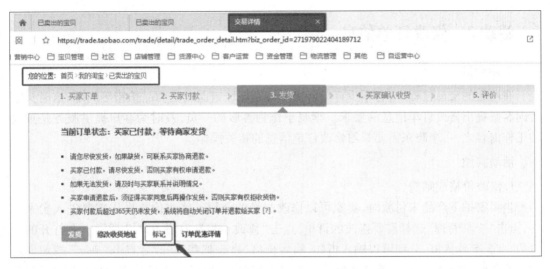

图 6.3.5

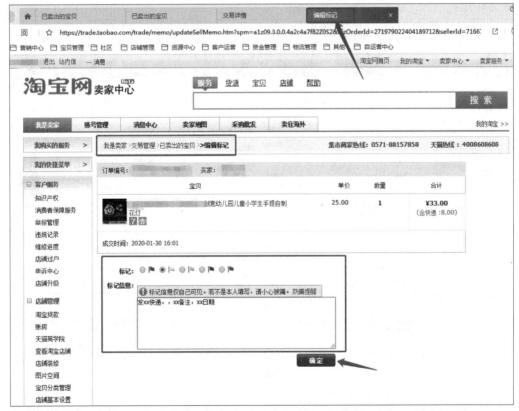

图 6.3.6

活动评价

　　使用备注说明买家目前订单的情况,便于后期的商品跟踪与管理,使操作信息化,工作效率得到提升。对于卖家来说,方便对订单的管理与存档,使得运营体验大大提升。所以客服要细致、耐心地完成订单备注,促成交易。

活动2 修改订单信息

活动背景

在网店的交易过程中,有不少订单会出现买家地址错误或是商品拍错等问题,这时买家会向客服提出修改订单信息的要求。李晓东作为客服的一员,及时为客户提供服务是重要的工作内容之一,李晓东需要学习修改订单信息的相关操作。

活动实施

1. 修改价格或邮费

当买家拍下产品未付款时,卖家可以修改交易的金额。修改价格操作需要进入卖家中心,点击"交易管理"选择需要修改的订单,点击"修改价格",如图6.3.7所示。在打开的窗口中,有3个输入框,分别可以输入折扣、输入价格、修改邮费,修改后点击"确定"按钮即可成功修改价格或邮费,如图6.3.8所示。如果卖家包邮,也可以直接单击"免运费",即邮费金额为0元。

图6.3.7

2. 修改地址

付款后、发货前的订单,当遇到买家需要修改地址时,就可以进入工作台千牛卖家,点击"订单"→"已卖出的宝贝"找到对应订单,点击订单"详情",点击"修改收货地址",填写正确的收货地址后,确定即可成功修改地址,如图6.3.9—图6.3.11所示。

图 6.3.8

图 6.3.9

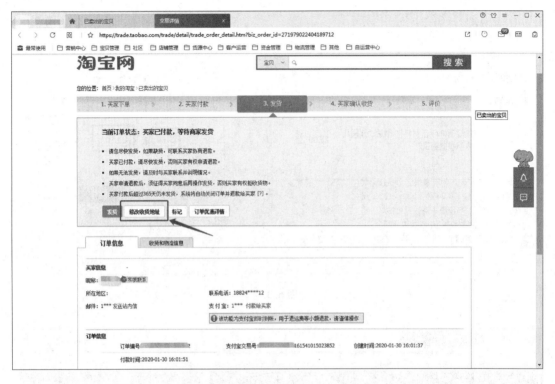

图 6.3.10

图 6.3.11

3. 修改商品规格

修改商品规格的情况包括修改商品尺码、颜色等,这时就需要客服进入千牛卖家工作台,点击"订单"→"已卖出的宝贝",找到对应订单,点击订单"详情",点击"修改订单属性",修改对应属性,如图 6.3.12 和图 6.3.13 所示。

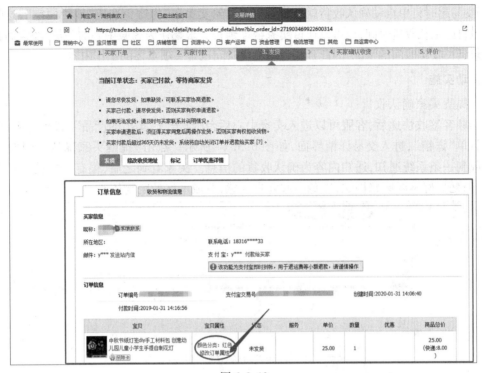

图 6.3.12

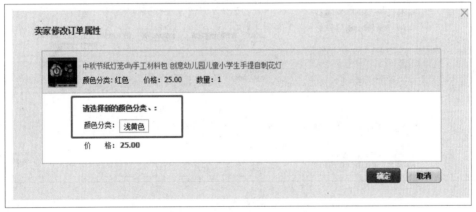

图 6.3.13

活动评价

修改订单信息是客服工作的重要技能,为客户提供了更加人性化的购物体验。修改订单信息功能有利于提升店铺订单收货量,提升店铺营业额,挽留订单。卖家发货前,应仔细确认订单变化情况,及时更新订单信息,避免出现订单错误、发错货的现象。

活动3　延长订单收货时间

活动背景

假如淘宝卖家已经发货,但是由于物流配送不及时或者需要换货等原因,买家迟迟未收到货,而交易超时订单自动确认收货就会将货款支付给卖家了,为避免造成"钱货两空",这时买家可以自己延长收货时间,也可以通过卖家帮忙延长。李娜作为客服中心的一员,经常遇到客服要求延长收货时间的情况,因此延长订单收货时间也是一项重要的工作内容。

活动实施

1. 提醒买家确认收货

当顾客签收快递后,客服可以进入卖家中心后台,点击"已卖出的产品",找到对应订单,点击订单"详情",进入交易详情界面,如图 6.3.14 所示。点击"提醒买家确认"按钮后,对方会收到一条系统通知,通知内容为确认收货的信息。买家看到之后,很有可能就会马上去确认,但是最好不要频繁提醒,以免引起客户反感,造成不好的购物体验。

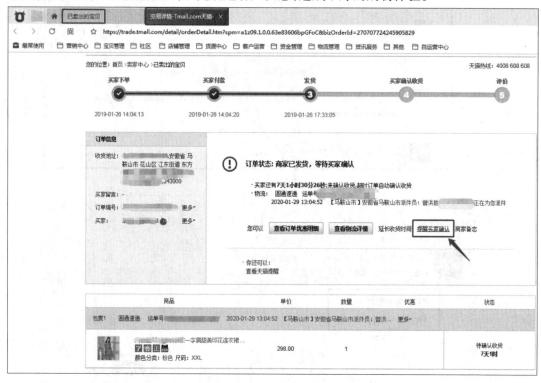

图 6.3.14

2. 延长收货时间

对于需要延长收货时间的订单,客服有两个入口实现,第一个入口是在接待中心的窗口,点击"订单",在底部有一个"延长收货时间"按钮,点击"延长收货时间",选择天数即可,如图 6.3.15 所示。第二个入口是点击"卖家中心"→"已卖出的宝贝",找到对应订单,点击订单"详情",进入交易详情界面,点击"延长收货时间",如图 6.3.16 所示。随后会弹出一个延长收货时间对话框,选择天数即可,如图 6.3.17 所示。卖家可以给买家延长交易收货超时时间有 4 个时间点可以选择,分别可以延长 3、5、7、10 天,而且不限制次数,但是不能操作缩短收货时间。

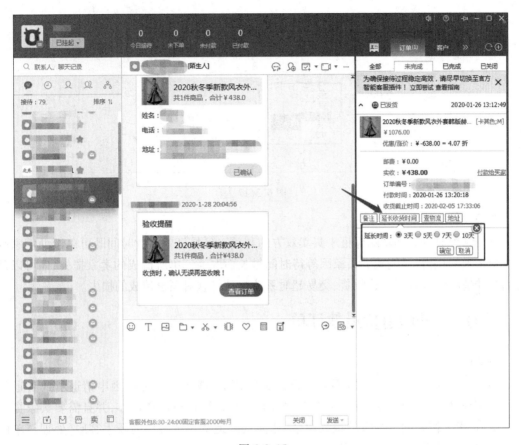

图 6.3.15

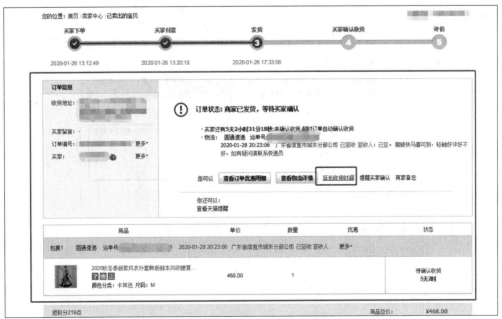

图 6.3.16

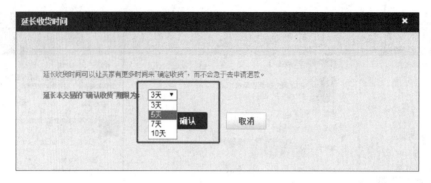

图 6.3.17

活动评价

延长订单收货时间功能保证了买卖双方的利益。延长订单收货时间既可以帮助卖家减少发货带米的压力，又能减少买家因等待时间过长而取消订单所造成的卖家损失，还可以避免因特殊情况无法及时确认收货、交易超时系统自动打款对买家造成的损失。

活动4 处理退货退款订单

活动背景

在商品交易过程中，当买家不需要已购买的商品，或由于某种原因申请退货或者退款时，一般会向卖家提出退款申请，买卖双方协商一致即可进行退款操作，并且需要买家提交退款申请，卖家需要同意买家的退款申请，才能处理退款。黄林作为新手客服，处理订单的退货退款工作是重要的学习内容。

活动实施

（1）当客户在"我的淘宝"→"已买到宝贝"中申请退款后，客服将会收到信息中心通知提示买家申请退款，如图6.3.18所示。

图 6.3.18

（2）当客户提交退款申请后，客服可在对话窗口中查看订单状态，如图 6.3.19 所示，订单状态为"等待卖家同意退款"。

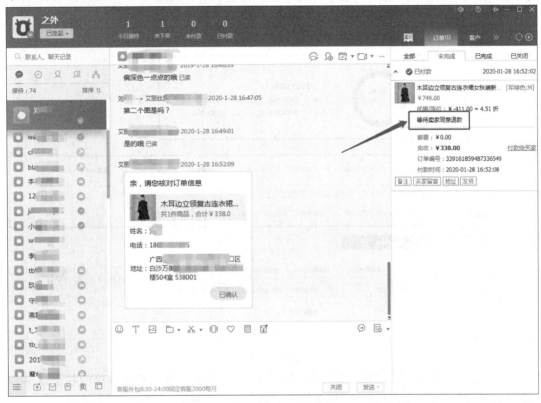

图 6.3.19

（3）此时，客服可以进入千牛卖家工作台，点击"订单"→"退款管理"，如图 6.3.20 所示。退款管理页面展示了店铺的退货退款的数据，客服需要及时观察并做出对应处理。同时，卖家可以通过该页面输入"买家昵称""订单编号""退款时间"等参数进行搜索，以便快速找到对应订单，如图 6.3.21 所示。

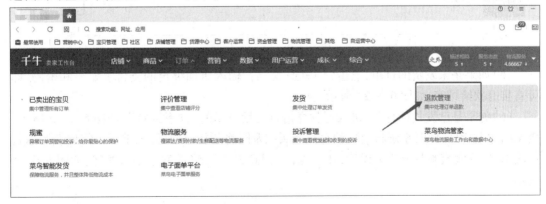

图 6.3.20

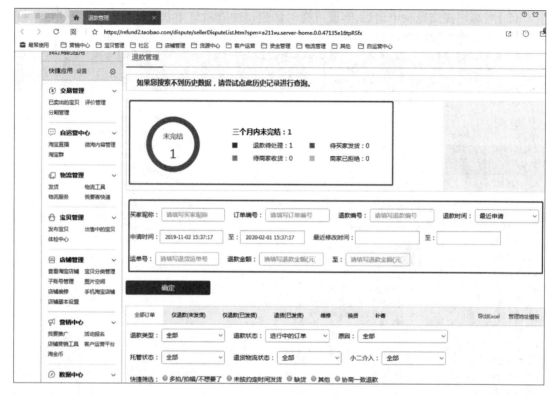

图 6.3.21

(4)顾客申请退款后,在该订单右侧,如图 6.3.22 所示。可以看到订单的状态显示为"退款待处理",点击"退款待处理"即可进入退款售后管理页面,如图 6.3.23 所示。

图 6.3.22

(5)如果是未发货的订单,点击"同意退款"后,输入店铺绑定的支付宝账号和密码,即可直接退款给顾客,如图 6.3.24 所示。

(6)如果是已发货的订单,进入退款详情页面后显示的"同意退货",如图 6.3.25 所示。卖家同意退货后,此时系统将会发消息提醒买家及时将货物退回,并要求买家需要填写退货物流单号,等卖家验收退货无误后,才可点击"同意退款",将货款返还给顾客,如图 6.3.26 所示。

图 6.3.23

图 6.3.24

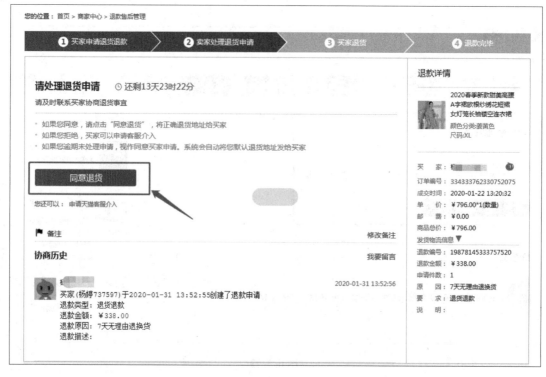

图 6.3.25

图 6.3.26

活动评价

处理退货退款订单,可以给买家提供良好的售后服务,提升买家的购物体验。对于卖家来说,处理退货退款订单,有利于统计产品的退货率,了解退货原因等数据。

合作实训

小组分工合作,组员模拟客服角色,完成更改订单,延长收货、退换货处理操作。

1. 更改订单

在销售过程中,客户李俊在网店购买衣服时选择该款产品的 L 码,但当他认真浏览客户评价后,该衣服比较修身,估计 L 码对于自己偏胖的身体来说可能偏小了。于是他联系客服,要求更改订单。客服王文雯接待了李俊的咨询,于是将更改要求备注到订单中,同时将该信息转发给配送中心的小王,以免发错货。三人小组合作,角色可互相调换,体验不同的工作要求。

2. 延长收货时间

"三八"妇女节有促销活动,莎莎在网上买了一件心仪已久的连衣裙,直到快递员打电话联系她派件时,才发现自己地址写错了,而此时她正在外地出差,还有半个月才能回去,家里没有人能帮忙接收快递。莎莎舍不得退货,而且再此之前已经延长收货一次了,眼看就要超时自动确认收货了,于是莎莎赶紧联系网店的客服帮忙延长收货时间。客服小雨接待了咨询,请你帮助小雨处理。

3. 退换货处理

林小榆在网店购买了两双休闲鞋,收到货后发现其中一双跟她想象中的鞋有很大出入,另一双尺码偏小。于是,试穿后马上跟客服联系,一双退货,一双换货。客服李悦接待了林小榆的退换货申请,跟她进行了退换要求确认,然后将退货地点发给了客户。同时,联系仓储中心邓仁超注意查收货物,收到货后要检查货物是否受损、配件是否齐全等,最后确认不影响二次销售的情况下,通知配送部门再次发货。

项目小结

本项目主要介绍网店运营过程中商品管理、客服操作、订单管理等岗位技能。在企业真实岗位实践中,此项目由客服部门负责完成,在项目实施中,客服人员需要熟练掌握千牛软件的使用,还需要熟悉电子商务交易过程中的订单流程,提供完善的售后服务,最终完成交易。所以,客服人员需要提高工作热情,保持工作耐心、细心、责任心,不断提高服务质量,提供周到、贴心、真诚的人情化服务,让客户的各类问题及时得到解决。优质的客户服务能够增加客户对网店的黏性,不断巩固客户资源,为网店培养大批忠实客户。

项目检测

1. 单选题

(1)淘宝卖家利用哪种工具软件与买家沟通?(　　)

　　A. 阿里旺旺　　　B. QQ　　　　　　C. 微信　　　　　　D. 千牛工作平台卖家版

(2)以下哪种工作属于售前客服服务范围?(　　)

　　A. 更改订单　　　B. 跟踪物流　　　C. 导购　　　　　　D. 技术支持

(3)以下哪种工作不属于售后客服服务范围?(　　)

A.退换货   B.跟踪物流   C.评价管理   D.客户关系管理

(4)客服问题:支持货到付款吗?最佳的回复是哪个?(　　)

A.亲,我们不支持货到付款哦!

B.不太清楚。

C.不支持。

D.亲,您好!小店暂时不支持货到付款哦,您可以选择支付宝或银联在线支付,祝您购物愉快!

(5)客服在跟客户交流时,对方不肯承担运费,客服应该如何处理?(　　)

A.威胁客户让其承担运费

B.告知客户退换货的相关规则,跟客户协商运费问题

C.如果客户不承担运费,就不给办理退换货业务

D.让客户以到付方式寄回

2.多选题

(1)成为客服的软硬件包括下列哪些?(　　)

A.能够通过聊天工具、电话等与顾客进行沟通,接受顾客询价,并为顾客进行导购

B.对电脑有基本认识,熟悉 Windows 系统,会操作 Word 与 Excel 等办公软件

C.打字速度快,反应灵敏

D.心态积极乐观,对顾客有耐心

(2)售后客服需要提供周到、贴心的服务,必须做到(　　)。

A.真诚   B.倾听   C.理解   D.宽容

(3)下列哪些功能属于旺旺的基本功能?(　　)

A.好友印象   B.快捷回复   C.自动回复   D.个性签名

3.判断题

(1)未经允许,客服不得泄露、发布、传递他人隐私信息。 (　　)

(2)卖家收到买家的退货时,可以直接将货款退回给买家。 (　　)

(3)卖家收到买家差评时,应该第一时间联系买家进行沟通,针对出现的问题及时帮助买家解决,以便安抚买家,争取将差评改为好评,保持网店良好的信誉评价。 (　　)

4.简述题

简要介绍网店客服人员在售前、售中、售后三个阶段的主要工作。

项目 7　配送商品

项目综述

　　经过一系列的营销推广工作,网店的访问量、订单量日渐增加,物流部门员工每天需要配送各种类型的商品。为了更好地配合公司网店业务的开展,同时保证商品在运输过程中不会造成破损,公司对全体物流部职员进行了一次统一培训,让大家主要熟悉商品的打包、订单发货处理和运费的设置。经过一段时间的培训和练习,大家能够根据产品性质选择合适的包装材料进行打包,能够为客户选择合适的发货渠道,并且能熟练地设置运费模板。

项目目标

知识目标

➢ 了解常见的打包工具和打包方式

➢ 了解订单发货处理的操作流程

➢ 了解商品运费的设置

能力目标

➢ 能够区分不同打包工具的用途及操作

➢ 能够进行货物发货处理

➢ 能够对商品运费进行设置

素质目标

➤ 培养低碳、绿色环保的物流精神

➤ 培养学生认真严谨、精益求精的工作态度

➤ 树立注重客户满意、用心为客户解决配送问题的职业素养

项目思维导图

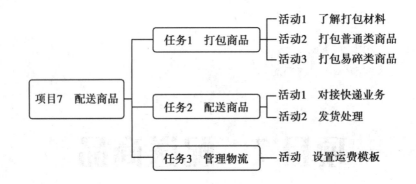

任务1　打包商品

情境设计

　　小王是公司物流部门的职员,现在接到发货任务,但是他有点发愁,因为他发现接到的发货商品分别是一件衣服、一个水杯。针对不同的商品,打包的要求都是不一样的。通过本任务的学习,请你帮助小王完成他的发货任务吧!

任务分解

　　经过学习观察,小王发现包装有很多种类,针对不同物品运用不同包装,同时要掌握相应的包装技巧。

　　主要步骤:学习包装的相关知识;打包商品练习。

活动1　了解打包材料

活动背景

　　在实施包装前,小王要先了解现有的包装种类和各种不同的包装材料,以便根据不同产品提供合理的打包方案。

活动实施

　　包装分为内包装、中层包装、外包装及辅助包装。每一步都是必不可少,把握好这4步,

让您对自己的产品有一个准确的定位,使得包装发挥真正效用且又不造成浪费,从而降低成本。

1. 内包装

内包装也称为销售包装,是指直接接触商品并随商品进入零售网点和消费者直接见面的包装。因为淘宝网销售的产品一般已有厂家供应内包装,所以本书不做详细介绍。

2. 中层包装

中层包装指的是产品距离箱子之间的空隙的填充材料,大多数淘宝卖家最常使用的是气泡膜(见图 7.1.1)、海绵、报纸、纸板、泡沫等。

3. 外包装

外包装也称为运输包装,是指为保护商品数量、品质和便于运输、储存而进行的外层包装,常用的外包装材料有纸箱、袋子等。

4. 辅助包装

辅助包装是指在制造包装容器和包装过程中

图 7.1.1

起辅助作用的物件。要想在电子商务激烈的行业竞争中更加突出,就需要完善或提升自己的商品形象,这就是商品的延伸价值。可通过在外包装内放置名片或卡片,使用网店专用封箱胶带或带提示语的白色封箱胶带等辅助包装来提高本店的形象。

活动评价

对商品包装的种类有所了解,有助于我们合理包装商品,不会导致包装简陋或者包装过度的问题。目前,国内整治商品过度包装,严打“天价”商品,因此,环保包装的理念显得尤为重要。

活动2   打包普通类商品

活动背景

普通类商品主要是指对商品外包装没有过多要求,不怕挤压、不怕碰撞的这类商品均可以按此方法进行包装。

活动实施

以小王打包衣服为例,介绍这一类商品的打包操作,学会相应的打包技巧。

打包普通类商品——以“衣服”为例。

(1)需要打包的衣服,如图 7.1.2 所示。

(2)内层包装。将衣服折叠好,装进印有该衣服品牌的专业塑料袋中,关闭拉链,内层包装完成,如图 7.1.3 所示。

图7.1.2

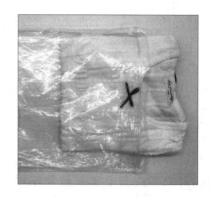

图7.1.3

（3）添加外包装。把完成内包装的衣服装进防水、防染色的黑色塑料袋中，再用胶带包好外包装的4个角，检查外包装的密封性，如图7.1.4所示。

（4）粘贴物流详情单。密封后粘贴上物流详情单，完成商品的打包，如图7.1.5所示。

图7.1.4

图7.1.5

知识窗

在打包货物过程中，通常会在货物包装中附带一张客户订单，或者商家的发货单，此时应认真核对所打包的货物是否与发货单上的信息一致，避免发错商品导致的退换货和顾客差评。

活动评价

普通类商品打包相对简单，只要在内包装外再加一层外包装便可以邮寄，不会因运输过程的碰撞损坏商品。

活动3　打包易碎类商品

活动背景

需要邮寄的商品中有一些商品是易碎易破的，在运输过程中难免会有碰撞，所以小王在打包商品的时候，应轻拿轻放，并且需要额外添加合适的防震材料，使商品受到外部撞击时起到减震作用。

活动实施

打包易碎类商品——以"水杯"为例。

(1)打包商品"水杯",如图7.1.6所示。

(2)收集防震材料。找一个能装下要邮寄产品的盒子,因为上、下都要加防震材料(本例使用的是气泡纸,见图7.1.7)。道具:纸箱子,气泡纸若干,胶布,剪刀等。

(3)填充箱子底部,如图7.1.8所示。

(4)填充空隙。先用气泡纸包装好杯子,如图7.1.9所示。再在箱子空隙处塞放一些折成团的废旧报纸,防止产品大范围摇晃,但也不能夹得太紧,如图7.1.10所示。

(5)用与底部一样大小的气泡纸放在最上面盖上一层,气泡纸的大小根据具体情况选择,如图7.1.11所示。

图7.1.6

图7.1.7

图7.1.8

图7.1.9

图7.1.10

(6)封箱。用胶带粘好箱子,并在箱子上粘贴快递的详情单,如图7.1.12所示。注意:如果用普通的透明带粘贴箱子时,可增加温馨提示:请检查商品完整后再签收,如有问题请及时联系店主。

图7.1.11

图7.1.12

知识窗

外包装盒子的大小很重要,太小会挤碎商品,太大则需要填充物过多导致浪费,应根据自己邮寄的物品情况而定。

活动评价

易碎类商品的包装主要是注意防震包装的添加,合理的防震包装可以有效保护商品、方便物流运输的同时也能避免包装过度带来的浪费。

合作实训

请同学们以小组为单位,对以下所列货物进行打包,对不同货物选择正确的包装材料和方法。如手机、红酒、大米、老婆饼、文具、打印机。

任务2   配送商品

情境设计

小王因为工作表现优秀被调任物流部门主管,在接手仓库管理工作之前,他只了解部分商品打包的知识,所以上班第一天他决定到收发货的第一线去,详细了解网店的商品是如何离开企业仓库,再运达顾客手中的,掌握好一线的配送操作才能更有效地对仓库部门进行管理。

任务分解

货物已经打包好后,我们要联系快递公司上门取件,与快递员做好交接工作,最后还要在网店上完成订单发货的处理。

活动1   对接快递业务

活动背景

如今市面上快递公司五花八门,小王一时间不知道该如何挑选,因此他咨询并收集了多家快递公司的报价、运输方式等信息。看,他挑出了一家适合的快递公司,并正在完成快递下单任务呢。

活动实施

1. 联系快递公司

发货处理的首要任务是选择合适的快递公司,因为不同的快递公司提供的服务内容、范围和价格并不一样,所以网店经营者必须综合考虑自己的实际需求,选择一家或者几家快递公司作为合作伙伴,以求得更优惠的运费和更及时的收发件服务。国内常见的快递企业如图7.2.1所示。

图7.2.1

2.快递员取件

联系好的快递公司通常会在每天的固定时间点前来收件,而货品必须在快递员收件前打包和填写好运单,等快递员到场后进行清点和交接,同时注意撕下并保存好运单的寄件人一联。

> **知识窗**
>
> 为了方便邮件的检验、分拣和装车运输,国内快递收件的时间通常为每天的16:00,所以网店要想当天发货的话,必须要在这个时间之前下单并且支付。

活动评价

从服务内容到价格,选择一家适合自己公司发货的快递公司,并与快递公司做好收件约定,按照快递公司的填单要求填写好运单,快递交接工作便可以顺利完成。

活动2 发货处理

活动背景

商品打包完成后,快递员成功上门取件。取件完成后小王需要将快递单号信息填入订单信息,进行发货操作。

活动实施

货品通过快递公司寄出后,卖家要及时地登录订单管理系统,对顾客的订单进行发货操作。

(1)使用浏览器登录淘宝网,进入淘宝账户。在首页页眉找到"千牛卖家中心",点击进入,如图7.2.2所示。

(2)点击"千牛卖家中心"→"交易管理"→"已卖出的产品",如图7.2.3所示。

(3)在卖出的产品里找到未发货的订单,点击"发货"按钮,如图7.2.4所示。

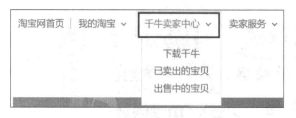
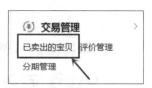

图 7.2.2　　　　　　　　　　　　　　　　图 7.2.3

图 7.2.4

（4）填写发货、退货信息。第一次填写保存后便于以后自动调出，无须再填写，如图7.2.5所示。

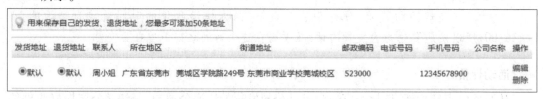

图 7.2.5

（5）选择物流服务。选择"自己联系物流"，选择刚才发货的物流公司，填入运单号码，点击"确认"按钮，如图 7.2.6 所示。

| 在线下单 | 自己联系物流 | 无纸化发货 | 无需物流 |

您选择上门取件还将享受2小时快递发货。什么是上门取件？

💡 马上去设置默认物流公司，方便您的发货！　切换到新版本

公司名称	运单号码	备注	操作
EMS			确认
EMS经济快递			确认
天翔快递			确认
美家大件-筑之巢配			确认

图 7.2.6

知识窗

如果商品是充值卡、机票、游戏点卡等不需要物流的,可以选择"无需物流"。但如果是实体商品则慎选,有可能会被淘宝网认为是虚假交易。

(6)发货成功,如图7.2.7所示。

图7.2.7

(7)指导买家查看已经发货的信息和物流记录,如图7.2.8所示。

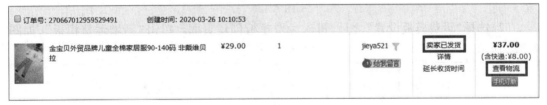

图7.2.8

活动评价

快递单填写好,商品交付给快递公司之后,我们还需要在卖家系统中进行发货操作,并指导顾客进行订单的物流信息查询。

任务3 管理物流

情境设计

经过几天的努力,小王终于熟悉了商品打包和订单的发货操作,接着就需要学习运费模板的设置操作。设置好运费模板,与顾客沟通就能事半功倍,不会出现物流费用方面的误解和纠纷。

任务分解

在设置运费前,要与已经联系好的物流公司了解清楚不同距离和不同质量的运费标准,根据与物流公司的约定进行运费设置。

活动 设置运费模板

活动背景

小王了解清楚物流公司的运费标准之后,就要在"卖家中心"的运费设置的板块中设置好运费,与顾客沟通及计算运费时就事半功倍了。

活动实施

(1)登录淘宝网,点击"千牛卖家中心"→"物流管理"→"物流工具",右边随之会弹出"服务商设置""运单模板设置""物流跟踪信息""地址库""运费模板设置"这 5 个模板,如图 7.3.1 所示。

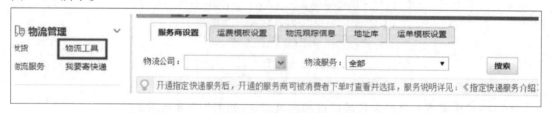

图 7.3.1

(2)选择"运费模板设置"之后,进入运费模板创建页面。单击"新增运费模板",如图 7.3.2 所示。

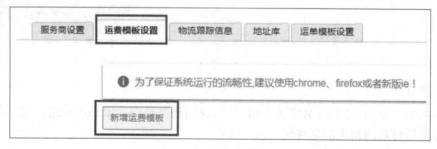

图 7.3.2

(3)进入填写页面,输入运费模板名称,注意名称为必填项,同时字数不超过 25 个字。在"请选择并填写运费方式"下,选择商品支持的运送方式。目前,淘宝提供了 3 种运送方式:平邮、快递公司和 EMS。例如,我的衣服是支持平邮和快递公司这两种。就在两个选项前勾选,这两项随之展开。在选择的运送方式中,设置具体的运费,如图 7.3.3 所示。

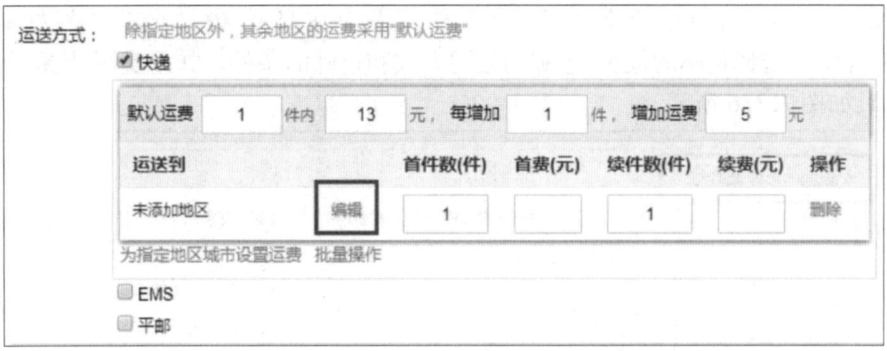

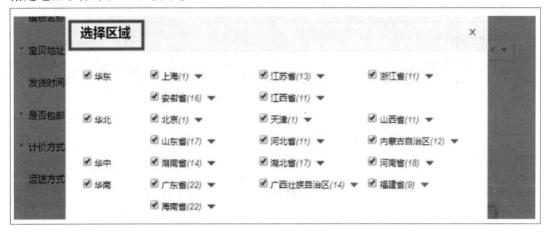

图 7.3.3

（4）设置指定地区的运费。选择"为指定地区设置运费"，会自动弹出一个包含地区信息的提示框。只需要在此勾选指定的地区，点击左下角的"确定"按钮，这样运费就可应用到指定地区了，如图 7.3.4 所示。

图 7.3.4

（5）设置好的指定地区运费，如图 7.3.5 所示。

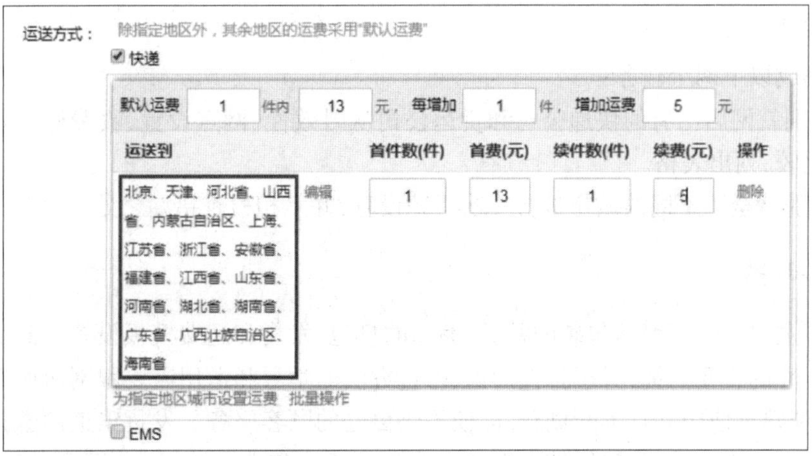

图 7.3.5

（6）设置指定条件包邮，包邮的条件有3种，分别是按照"件数""金额""件数＋金额"。可根据实际情况选择包邮的地区、包邮的运送方式和包邮的条件。如果实际情况不包邮，此项可不填，如图7.3.6所示。

图7.3.6

（7）运费模板添加好了，单击"保存并返回"。运费模板设置成功，如图7.3.7所示。

运送方式	运送到	首件(个)	运费(元)	续件(个)	运费(元)
快递	中国	1	13.00	1	5.00
快递	北京,天津,河北,山西,内蒙古,上海,江苏,浙江,安徽,福建,江西,山东,河南,湖北,湖南,广东,广西,海南	1	13.00	1	5.00
EMS	中国	1	13.00	1	6.00

图7.3.7

活动评价

这个活动主要教会大家如何设置运费模板，培养同学们认真细致的工作态度。进行运费模板设置时，需要根据不同的城市设置不同的运费。

合作实训

分组完成以下两个任务：

（1）分别就网店已有的快递公司和货运公司从时效性、网点设置、收费标准及运输方式等方面做比较，列出表格。

（2）分别就全国不同的城市进行一次运费设置，并互相检查错漏之处。

项目小结

本项目主要介绍了商品包装的种类，商品的打包、发货和运费模板设置。商品打包是物流运输安全性的重要前提，对于打包知识、打包方法的学习和运用需要跟网店所经营的商品相结合，做到熟练使用并且不断创新，以便提供更好的顾客服务。发货渠道的选择牵扯物流配送的最后一千米环节，如何能够在配送的最后一千米取胜，这是一个很重要的环节，既关系到公司的竞争力，又影响着顾客的满意度。通过打包货物的实际操作，掌握商品打包的要领,根据货物的实际情况和顾客实际需要,选择合适的发货渠道,通过合理的运费模板,提升顾客满意与公司的竞争力。

项目检测

1. 判断题

(1)内包装也称为销售包装,是指直接接触商品并随商品进入零售网点和消费者直接见面的包装。　　　　　　　　　　　　　　　　　　　　　　　　　　　　　　　(　　)

(2)大多数淘宝卖家最常使用的中层包装是气泡膜、海绵、报纸、纸板、泡沫等。(　　)

(3)外包装也是销售包装的一种,它的目的是保护商品、方便运输。　　　　　(　　)

(4)辅助包装在包装的过程中可有可无,不能起到完善和提升自己商品形象的作用。
　　　　　　　　　　　　　　　　　　　　　　　　　　　　　　　　　　　　(　　)

(5)配送商品时随机选择一家快递公司即可,无须浪费时间挑选。　　　　　　(　　)

2. 单选题

(1)(　　)指的是产品距离箱子之间的空隙的填充材料。

　　A. 内包装　　　　　B. 自包装　　　　　C. 中层包装　　　　D. 外包装

(2)(　　)是指为保护商品数量、品质和便于运输、储存而进行的外层包装。

　　A. 内包装　　　　　B. 中层包装　　　　C. 外包装　　　　　D. 辅助包装

(3)经常被用作防震包装的材料有(　　)。

　　A. 气泡膜　　　　　B. 牛皮纸　　　　　C. 胶布　　　　　　D. 薄膜纸

(4)(　　)盒子的大小很重要,太小会挤坏易碎商品,太大则需要过多填充物导致浪费。

　　A. 外包装　　　　　B. 内包装　　　　　C. 中层包装　　　　D. 辅助包装

(5)如果商品是充值卡、机票、游戏点卡等不需要物流的,可以选择(　　)。

　　A. 在线下单　　　B. 无需物流　　　C. 自己联系物流　　D. 无纸化发货

3. 多选题

(1)以下器材中,可以用作中层包装的有哪些?(　　　　)

(2)设置运费时,包邮的条件有哪几种?(　　　　)

A. 件数　　　　　　　B. 金额　　　　　　C. 件数 + 金额　　D. 重量

(3)哪些商品可以选择无需物流?(　　　　)

A. 充值卡　　　　　　B. 机票　　　　　　C. 游戏点卡　　　　D. 衣服

(4)包装可分为哪几种? (　　　)

A.内包装　　　　　　B.中层包装　　　　C.外包装　　　　　D.辅助包装

(5)目前,淘宝提供了哪些运送方式? (　　　)

A.平邮　　　　　　　B.快递公司　　　　C.EMS　　　　　　D.顺丰

4.简述题

简要介绍易变形、易碎类商品的打包技巧。

参考文献

[1]张雪玲.网店运营[M].重庆:重庆大学出版社,2016.

[2]吴元斌.金牌客服实战[M].北京:人民邮电出版社,2015.

[3]阿里巴巴商学院.网店运营[M].北京:电子工业出版社,2016.